最新法律文件解读丛书

行政与执行法律文件解读

总第 147 辑(2017. 3)

主编/江必新

人民法院出版社

图书在版编目（CIP）数据

行政与执行法律文件解读．总第147辑/江必新主编．—北京：人民法院出版社，2017.4
（最新法律文件解读丛书）
ISBN 978－7－5109－1760－8

Ⅰ.①行…　Ⅱ.①江…　Ⅲ.①行政法－法律解释－中国
Ⅳ.①D922.105

中国版本图书馆CIP数据核字（2017）第059604号

行政与执行法律文件解读·总第147辑
主编　江必新

责任编辑　范春雪
出版发行　人民法院出版社
地　　址　北京市东城区东交民巷27号　邮编　100745
电　　话　（010）67550608（责任编辑）　67550558（发行部查询）
65223677（读者服务部）
客服QQ　2092078039
网　　址　http：//www.courtbook.com.cn
E－mail　courtbook@sina.com
印　　刷　三河市国英印务有限公司
经　　销　新华书店
开　　本　787×1092毫米　1/16
字　　数　140千字
印　　张　8
版　　次　2017年4月第1版　　2017年8月第2次印刷
书　　号　ISBN 978－7－5109－1760－8
定　　价　16.00元

卷首语

2017年2月7日，国务院公布《残疾预防和残疾人康复条例》(以下简称《条例》)。《条例》的出台一是强化了全社会的残疾预防意识，充分发挥相关部门作用；二是从现阶段我国经济社会发展水平出发，重点保障残疾人的基本康复需求，提高康复服务能力，落实政府保障责任；三是处理《条例》与现行法律法规的关系，理清相关部门的责任边界。

2017月2月28日，最高人民法院公布关于修改《最高人民法院关于公布失信被执行人名单信息的若干规定》(以下简称《若干规定》)、《关于民事执行中财产调查若干问题的规定》(以下简称《财产调查规定》)，以及印发《关于执行款物管理工作的规定》的通知(以下简称《执行款物规定》)。修改后的《若干规定》相比法释〔2013〕17号重点修订：一是明确纳入失信名单的实质要件；二是增加纳入失信名单的期限；三是保障被执行人的救济程序；四是增加案件终结本次执行程序后删除失信名单的规定。《财产调查规定》共26条，包括合理划分财产调查责任、强化被执行人财产报告义务、巩固信息化与执行联动建设成果、丰富财产调查手段、拓宽财产线索来源等。《执行款物规定》相比2006年5月18日公布的试行规定，一是建立款物收发情况定期核对机制；二是规定“一案一账号”执行案款归集管理方法；三是细化执行案款收取、发放、提取流程；四是增加对查封、扣押物品收发情况的管理规定。这三个执行文件的公布有利于解决执行难问题。

《最新法律文件解读》丛书
编　委　会

编 辑 部　范春雪　（010）67550525
姜　峤　（010）67550573
丁丽娜　（010）67550608
陈映锦　（010）67550562
路建华　（010）67550660

目　录

[行政法规、法规性文件与解读]

国务院

残疾预防和残疾人康复条例

(2017年1月11日国务院第161次常务会议通过
2017年2月7日中华人民共和国国务院令第675号公布
自2017年7月1日起施行)

第一章　总　则

第一条　为了预防残疾的发生、减轻残疾程度，帮助残疾人恢复或者补偿功能，促进残疾人平等、充分地参与社会生活，发展残疾预防和残疾人康复事业，根据《中华人民共和国残疾人保障法》，制定本条例。

第二条　本条例所称残疾预防，是指针对各种致残因素，采取有效措施，避免个人心理、生理、人体结构上某种组织、功能的丧失或者异常，防止全部或者部分丧失正常参与社会活动的能力。

本条例所称残疾人康复，是指在残疾发生后综合运用医学、教育、职业、社会、心理和辅助器具等措施，帮助残疾人恢复或者补偿功能，减轻功能障碍，增强生活自理和社会参与能力。

第三条　残疾预防和残疾人康复工作应当坚持以人为本，从实际出发，实行预防为主、预防与康复相结合的方针。

国家采取措施为残疾人提供基本康复服务，支持和帮助其融入社会。禁止基于残疾的歧视。

第四条 县级以上人民政府领导残疾预防和残疾人康复工作，将残疾预防和残疾人康复工作纳入国民经济和社会发展规划，完善残疾预防和残疾人康复服务和保障体系，建立政府主导、部门协作、社会参与的工作机制，实行工作责任制，对有关部门承担的残疾预防和残疾人康复工作进行考核和监督。乡镇人民政府和街道办事处根据本地区的实际情况，组织开展残疾预防和残疾人康复工作。

县级以上人民政府负责残疾人工作的机构，负责残疾预防和残疾人康复工作的组织实施与监督。县级以上人民政府有关部门在各自的职责范围内做好残疾预防和残疾人康复有关工作。

第五条 中国残疾人联合会及其地方组织依照法律、法规、章程或者接受政府委托，开展残疾预防和残疾人康复工作。

工会、共产主义青年团、妇女联合会、红十字会等依法做好残疾预防和残疾人康复工作。

第六条 国家机关、社会组织、企业事业单位和城乡基层群众性自治组织应当做好所属范围内的残疾预防和残疾人康复工作。从事残疾预防和残疾人康复工作的人员应当依法履行职责。

第七条 社会各界应当关心、支持和参与残疾预防和残疾人康复事业。

新闻媒体应当积极开展残疾预防和残疾人康复的公益宣传。

国家鼓励和支持组织、个人提供残疾预防和残疾人康复服务，捐助残疾预防和残疾人康复事业，兴建相关公益设施。

第八条 国家鼓励开展残疾预防和残疾人康复的科学研究和应用，提高残疾预防和残疾人康复的科学技术水平。

国家鼓励开展残疾预防和残疾人康复领域的国际交流与合作。

第九条 对在残疾预防和残疾人康复工作中作出显著成绩的组织和个人，按照国家有关规定给予表彰、奖励。

第二章 残疾预防

第十条 残疾预防工作应当覆盖全人群和全生命周期，以社区和家庭为基础，坚持普遍预防和重点防控相结合。

第十一条 县级以上人民政府组织有关部门、残疾人联合会等开展下列残疾预防工作：

（一）实施残疾监测，定期调查残疾状况，分析致残原因，对遗传、疾病、药物、事故等主要致残因素实施动态监测；

（二）制定并实施残疾预防工作计划，针对主要致残因素实施重点预防，对致残风险较高的地区、人群、行业、单位实施优先干预；

（三）做好残疾预防宣传教育工作，普及残疾预防知识。

第十二条 卫生和计划生育主管部门在开展孕前和孕产期保健、产前筛查、产前诊断以及新生儿疾病筛查，传染病、地方病、慢性病、精神疾病等防控，心理保健指导等工作时，应当做好残疾预防工作，针对遗传、疾病、药物等致残因素，采取相应措施消除或者降低致残风险，加强临床早期康复介入，减少残疾的发生。

公安、安全生产监督管理、食品药品监督管理、环境保护、防灾减灾救灾等部门在开展交通安全、生产安全、食品药品安全、环境保护、防灾减灾救灾等工作时，应当针对事故、环境污染、灾害等致残因素，采取相应措施，减少残疾的发生。

第十三条 国务院卫生和计划生育、教育、民政等有关部门和中国残疾人联合会在履行职责时应当收集、汇总残疾人信息，实现信息共享。

第十四条 承担新生儿疾病和未成年人残疾筛查、诊断的医疗卫生机构应当按照规定将残疾和患有致残性疾病的未成年人信息，向所在地县级人民政府卫生和计划生育主管部门报告。接到报告的卫生和计划生育主管部门应当按照规定及时将相关信息与残疾人联合会共享，并共同组织开展早期干预。

第十五条 具有高度致残风险的用人单位应当对职工进行残疾预防相关知识培训，告知作业场所和工作岗位存在的致残风险，并采取防护措施，提供防护设施和防护用品。

第十六条 国家鼓励公民学习残疾预防知识和技能，提高自我防护意识和能力。

未成年人的监护人应当保证未成年人及时接受政府免费提供的疾病和残疾筛查，努力使有出生缺陷或者致残性疾病的未成年人及时接受治疗和康复服务。未成年人、老年人的监护人或者家庭成员应当增强残疾预防意识，采取有针对性的残疾预防措施。

第三章　康复服务

第十七条　县级以上人民政府应当组织卫生和计划生育、教育、民政等部门和残疾人联合会整合从事残疾人康复服务的机构（以下称康复机构）、设施和人员等资源，合理布局，建立和完善以社区康复为基础、康复机构为骨干、残疾人家庭为依托的残疾人康复服务体系，以实用、易行、受益广的康复内容为重点，为残疾人提供综合性的康复服务。

县级以上人民政府应当优先开展残疾儿童康复工作，实行康复与教育相结合。

第十八条　县级以上人民政府根据本行政区域残疾人数量、分布状况、康复需求等情况，制定康复机构设置规划，举办公益性康复机构，将康复机构设置纳入基本公共服务体系规划。

县级以上人民政府支持社会力量投资康复机构建设，鼓励多种形式举办康复机构。

社会力量举办的康复机构和政府举办的康复机构在准入、执业、专业技术人员职称评定、非营利组织的财税扶持、政府购买服务等方面执行相同的政策。

第十九条　康复机构应当具有符合无障碍环境建设要求的服务场所以及与所提供康复服务相适应的专业技术人员、设施设备等条件，建立完善的康复服务管理制度。

康复机构应当依照有关法律、法规和标准、规范的规定，为残疾人提供安全、有效的康复服务。鼓励康复机构为所在区域的社区、学校、家庭提供康复业务指导和技术支持。

康复机构的建设标准、服务规范、管理办法由国务院有关部门商中国残疾人联合会制定。

县级以上人民政府有关部门应当依据各自职责，加强对康复机构的监督管理。残疾人联合会应当及时汇总、发布康复机构信息，为残疾人接受康复服务提供便利，各有关部门应当予以支持。残疾人联合会接受政府委托对康复机构及其服务质量进行监督。

第二十条　各级人民政府应当将残疾人社区康复纳入社区公共服务体系。

县级以上人民政府有关部门、残疾人联合会应当利用社区资源，根据社区残疾人数量、类型和康复需求等设立康复场所，或者通过政府购买服务方式委托社会组织，组织开展康复指导、日常生活能力训练、康复护理、辅助器具配置、信息咨询、知识普及和转介等社区康复工作。

城乡基层群众性自治组织应当鼓励和支持残疾人及其家庭成员参加社区康复活动，融入社区生活。

第二十一条 提供残疾人康复服务，应当针对残疾人的健康、日常活动、社会参与等需求进行评估，依据评估结果制定个性化康复方案，并根据实施情况对康复方案进行调整优化。制定、实施康复方案，应当充分听取、尊重残疾人及其家属的意见，告知康复措施的详细信息。

提供残疾人康复服务，应当保护残疾人隐私，不得歧视、侮辱残疾人。

第二十二条 从事残疾人康复服务的人员应当具有人道主义精神，遵守职业道德，学习掌握必要的专业知识和技能并能够熟练运用；有关法律、行政法规规定需要取得相应资格的，还应当依法取得相应的资格。

第二十三条 康复机构应当对其工作人员开展在岗培训，组织学习康复专业知识和技能，提高业务水平和服务能力。

第二十四条 各级人民政府和县级以上人民政府有关部门、残疾人联合会以及康复机构等应当为残疾人及其家庭成员学习掌握康复知识和技能提供便利条件，引导残疾人主动参与康复活动，残疾人的家庭成员应当予以支持和帮助。

第四章　保障措施

第二十五条 各级人民政府应当按照社会保险的有关规定将残疾人纳入基本医疗保险范围，对纳入基本医疗保险支付范围的医疗康复费用予以支付；按照医疗救助的有关规定，对家庭经济困难的残疾人参加基本医疗保险给予补贴，并对经基本医疗保险、大病保险和其他补充医疗保险支付医疗费用后仍有困难的给予医疗救助。

第二十六条 国家建立残疾儿童康复救助制度，逐步实现0—6岁视力、听力、言语、肢体、智力等残疾儿童和孤独症儿童免费得到手术、辅助器具配置和康复训练等服务；完善重度残疾人护理补贴制度；通过实施重点康复项目为城乡贫困残疾人、重度残疾人提供基本康复服务，按照国家有关规定对基本型辅助器具配置给予补贴。具体办法由国务院有关部门商中国残疾人联合会根据经济社会发展水平和残疾人康复需求等情况制定。

国家多渠道筹集残疾人康复资金，鼓励、引导社会力量通过慈善捐赠等方式帮助残疾人接受康复服务。工伤保险基金、残疾人就业保障金等按照国家有关规定用于残疾人康复。

有条件的地区应当根据本地实际情况提高保障标准，扩大保障范围，实施高于国家规定水平的残疾人康复保障措施。

第二十七条 各级人民政府应当根据残疾预防和残疾人康复工作需要，将残疾预防和残疾人康复工作经费列入本级政府预算。

从事残疾预防和残疾人康复服务的机构依法享受有关税收优惠政策。县级以上人民政府有关部门对相关机构给予资金、设施设备、土地使用等方面的支持。

第二十八条 国家加强残疾预防和残疾人康复专业人才的培养；鼓励和支持高等学校、职业学校设置残疾预防和残疾人康复相关专业或者开设相关课程，培养专业技术人员。

县级以上人民政府卫生和计划生育、教育等有关部门应当将残疾预防和残疾人康复知识、技能纳入卫生和计划生育、教育等相关专业技术人员的继续教育。

第二十九条 国务院人力资源社会保障部门应当会同国务院有关部门和中国残疾人联合会，根据残疾预防和残疾人康复工作需要，完善残疾预防和残疾人康复专业技术人员职业能力水平评价体系。

第三十条 省级以上人民政府及其有关部门应当积极支持辅助器具的研发、推广和应用。

辅助器具研发、生产单位依法享受有关税收优惠政策。

第三十一条 各级人民政府和县级以上人民政府有关部门按照国家有关规定，保障残疾预防和残疾人康复工作人员的待遇。县级以上人民政府人力资源社会保障等部门应当在培训进修、表彰奖励等方面，对残疾预防和残疾人康复工作人员予以倾斜。

第五章　法律责任

第三十二条　地方各级人民政府和县级以上人民政府有关部门未依照本条例规定履行残疾预防和残疾人康复工作职责，或者滥用职权、玩忽职守、徇私舞弊的，依法对负有责任的领导人员和直接责任人员给予处分。

各级残疾人联合会有违反本条例规定的情形的，依法对负有责任的领导人员和直接责任人员给予处分。

第三十三条　医疗卫生机构、康复机构及其工作人员未依照本条例规定开展残疾预防和残疾人康复工作的，由有关主管部门按照各自职责分工责令改正，给予警告；情节严重的，责令暂停相关执业活动，依法对负有责任的领导人员和直接责任人员给予处分。

第三十四条　具有高度致残风险的用人单位未履行本条例第十五条规定的残疾预防义务，违反安全生产、职业病防治等法律、行政法规规定的，依照有关法律、行政法规的规定给予处罚；有关法律、行政法规没有规定的，由有关主管部门按照各自职责分工责令改正，给予警告；拒不改正的，责令停产停业整顿。用人单位还应当依法承担救治、保障等义务。

第三十五条　违反本条例规定，构成犯罪的，依法追究刑事责任；造成人身、财产损失的，依法承担赔偿责任。

第六章　附　则

第三十六条　本条例自 2017 年 7 月 1 日起施行。

国务院法制办、中国残联、卫生计生委负责人就《残疾预防和残疾人康复条例》答记者问

2017年2月7日，国务院总理李克强签署国务院令，公布了《残疾预防和残疾人康复条例》（以下简称《条例》）。《条例》自2017年7月1日起施行。日前，国务院法制办、中国残联、卫生计生委负责人就《条例》的有关问题回答了记者提问。

问：请简单介绍一下《条例》出台的背景和起草过程？

答：我国现有残疾人总数约为8500万。残疾人群体的生存、发展状况影响到全国近五分之一家庭的生活状态。全面建成小康社会、实现第一个百年奋斗目标，残疾人的小康是不可或缺的一部分。党和政府一贯高度重视残疾人事业，大力推动残疾人事业与经济社会协调发展，在开展残疾预防工作，避免和减少残疾的发生，促进康复事业发展，切实保障残疾人享有康复服务权利等方面取得了显著成效。但是，相对于经济社会发展水平而言，我国的残疾预防与残疾人康复工作总体滞后，还存在一些有待解决的问题：一是对残疾预防重视不够。预防意识淡薄、预防知识欠缺，儿童、孕妇等重点人群的残疾预防工作亟待加强。二是残疾人康复服务体系不完善。康复机构不健全，专业人才培养薄弱，服务不够规范。三是残疾预防和残疾人康复工作的协作配合有待加强。有关部门各负责一摊或一段，相互之间缺乏有机联系。四是需要进一步加强对残疾预防和残疾人康复工作的支持、扶持与宣传力度。全国范围内，残疾预防和残疾人康复保障水平整体偏低，且缺少广泛、有效的宣传，相关政策的社会知晓率不高。因此，有必要制定《条例》，从制度层面推动上述问题的解决。

中国残联、原卫生部于2012年8月向国务院报送了《残疾预防和残疾人

康复条例（送审稿）》。收到此件后，法制办先后2次书面征求有关部门、地方政府以及部分医疗机构和专家的意见，并向社会公开征求意见；会同中国残联、卫生计生委赴北京、天津、甘肃、江苏等地开展调研；召开专家论证会、部门协调会，并就保障措施等重点问题召开专题研究会。在此基础上，法制办会同中国残联、卫生计生委对送审稿进行反复修改，形成了《残疾预防和残疾人康复条例（草案）》。2017年1月11日，国务院常务会议审议通过了《残疾预防和残疾人康复条例（草案）》，2017年2月7日，国务院正式公布《条例》。

问：起草《条例》的总体思路是什么？

答：《条例》起草过程中，在总体思路上主要把握了以下几点：一是强化全社会的残疾预防意识，充分发挥相关部门作用。残疾预防涉及医疗、教育、安全生产、职业病防治等多个领域，《条例》重申了这些领域的残疾预防工作。在强调相关部门在依法履职过程中要考虑致残因素、减少残疾发生的同时，对医疗机构、具有高度致残风险的单位、公民个人、未成年人的监护人等提出了要求。二是从现阶段经济社会发展水平出发，重点保障残疾人的基本康复需求，提高康复服务能力，落实政府保障责任。三是处理好《条例》与相关法律、行政法规的关系，理清相关部门的职责边界。对已有法律、行政法规规范的残疾预防和残疾人康复事项，《条例》只作衔接性规定，不改变部门原有职责，避免交叉、冲突。

问：《条例》在明确各级政府职责方面作了哪些规定？

答：《条例》从以下方面明确了各级政府的职责：一是加强对残疾预防和残疾人康复工作的领导。《条例》规定县级以上人民政府要将残疾预防和残疾人康复工作纳入国民经济和社会发展规划，完善服务和保障体系，明确工作机制，加强考核和监督。二是组织做好残疾预防重点工作。《条例》规定县级以上人民政府组织有关部门、残联等对主要致残因素实施动态监测和重点预防，对致残风险较高的地区、人群、行业、单位实施优先干预，加强宣传教育、普及残疾预防知识。三是合理配置残疾人康复资源，建立、完善残疾人康复服务体系。《条例》规定县级以上人民政府要整合资源、合理布局，以实用、易行、受益广的康复内容为重点，为残疾人提供综合性的康复服务，优先开展残疾儿童康复工作，支持社会力量投资康复机构建设。

问：《条例》在残疾预防方面规定了哪些内容？

答：《条例》在总则部分规定，残疾预防和残疾人康复工作应当实行预防为主、预防与康复相结合的方针，强调了预防的重要性。同时，《条例》第二章专章规定了残疾预防制度，主要内容包括：一是明确残疾预防工作的基本原则。《条例》规定，残疾预防工作应当覆盖全人群和全生命周期，以社区和家庭为基础，坚持普遍预防和重点防控相结合。二是建立残疾人信息收集、共享制度。针对目前残疾人信息由相关部门分别掌握，信息不全、底数不清的问题，《条例》规定，国务院卫生和计划生育、教育、民政等部门和中国残联在履行职责时应当收集、汇总残疾人信息，并实现信息共享。三是将残疾预防融入相关行业管理服务之中。《条例》规定，卫生和计划生育、公安、安全生产监督管理等部门在疾病防控、母婴保健、交通安全、生产安全等工作中，应当针对遗传、疾病、药物、事故等致残因素，采取相应措施，减少残疾的发生。此外，《条例》第二章还规定了针对新生儿和未成年人的残疾信息报告制度以及具有高度致残风险的用人单位的预防残疾义务、鼓励公民学习残疾预防知识和技能等内容。

问：关于残疾人康复服务，《条例》规定了哪些制度？

答：切实保障残疾人享有康复服务的权利，需要大力发展残疾人康复事业，规范康复服务行为，提高康复服务质量。为此，《条例》规定了以下内容：一是明确残疾人康复服务的基本要求。《条例》规定，提供残疾人康复服务，应当针对康复需求进行评估、制定方案并根据实施情况对方案进行调整优化；要充分听取、尊重残疾人及其家属的意见，履行告知及隐私保护等义务。二是明确康复机构及其工作人员的法定条件及要求，保障康复服务质量。《条例》规定，康复机构应当具有符合无障碍环境建设要求的服务场所、专业技术人员、设施设备及康复服务管理制度；从事残疾人康复服务的人员应当遵守职业道德，学习掌握必要的专业知识和技能并能够熟练运用；专业性强的康复岗位从业人员，还应当依照有关法律、行政法规的规定取得相应资格。

问：政府的保障措施对促进残疾预防和残疾人康复事业发展至关重要，《条例》对此作了哪些规定？

答：《条例》在保障措施方面主要规定了以下内容：一是加强医疗保障。《条例》规定，各级政府应当按照规定将残疾人纳入基本医疗保险范围，并按规定对家庭经济困难的残疾人参加基本医疗保险给予补贴，对经基本医疗保险、大病保险和其他补充医疗保险支付医疗费用后仍有困难的给予医疗救助。二是强化对特殊残疾群体的保障力度。《条例》规定，国家建立残疾儿童康复救助制度，逐步实现0～6岁残疾儿童免费得到手术、辅助器具配置和康复训练等服务；完善重度残疾人护理补贴制度；通过实施重点康复项目为城乡贫困残疾人、重度残疾人提供基本康复服务，按照国家有关规定对基本型辅助器具配置给予补贴。三是明确资金保障和物资支持。《条例》规定，工伤保险基金、残疾人就业保障金等按照国家有关规定用于残疾人康复；有关部门对相关机构给予资金、设施设备、土地使用等方面的支持。四是加强人才保障。《条例》规定，鼓励和支持高等学校、职业学校设置残疾预防和残疾人康复相关专业或者开设相关课程，培养专业技术人员；卫生和计划生育、教育等有关部门要把残疾预防和残疾人康复知识、技能纳入相关专业技术人员的继续教育；国务院人力资源社会保障部门会同有关单位完善残疾预防和残疾人康复专业技术人员职业能力水平评价体系。

此外，《条例》还允许有条件的地区制定并实施高于国家规定水平的残疾人康复保障措施。

国务院办公厅

关于印发《推行行政执法公示制度执法全过程记录制度重大执法决定法制审核制度试点工作方案》的通知

2017 年 1 月 19 日　　国办发〔2017〕14 号

各省、自治区、直辖市人民政府，国务院各部委、各直属机构：

《推行行政执法公示制度执法全过程记录制度重大执法决定法制审核制度试点工作方案》已经党中央、国务院同意，现印发给你们，请认真贯彻执行。

推行行政执法公示制度执法全过程记录制度重大执法决定法制审核制度试点工作方案

推行行政执法公示制度、执法全过程记录制度、重大执法决定法制审核制度（以下统称三项制度）是党的十八届四中全会部署的重要改革任务，对于促进严格规范公正文明执法，保障和监督行政机关有效履行职责，维护人民群众合法权益，具有重要意义。根据党中央、国务院的部署和要求，现就开展三项制度试点工作，制定以下方案。

一、基本要求

认真贯彻落实《中共中央关于全面推进依法治国若干重大问题的决定》和《法治政府建设实施纲要（2015—2020 年）》，按照依法有序、科学规范、便捷高效的原则，紧密联系实际，突出问题导向，积极稳妥实施，探索总结可复制可推广的经验做法，促进行政执法公开透明、合法规范，加快建设法治政府，进一步推进“放管服”改革，优化经济社会发展环境。

二、试点任务

确定在天津市、河北省、安徽省、甘肃省、国土资源部以及呼和浩特市等 32 个地方和部门开展试点（《试点地方、部门及试点任务表》附后）。地方人民政府试点的，其所属的所有行政执法主体均为试点单位；国务院部门试点的，由其自行确定具体试点单位；地方人民政府部门试点的，该政府部门为试点单位。各试点地方和部门根据实际情况，可以在行政许可、行政处罚、行政强制、行政征收、行政收费、行政检查六类行政执法行为中选择全部或者部分开展试点。

（一）行政执法公示制度。试点单位要依法及时主动向社会公开有关行政执法信息，行政执法人员在执法过程中要主动表明身份，接受社会监督。

1. 加强事前公开。要结合政府信息公开、权力和责任清单公布、“双随机、一公开”监管等工作，在门户网站和办事大厅、服务窗口等场所，公开行政执法主体、人员、职责、权限、随机抽查事项清单、依据、程序、监督方式和救济渠道等信息，并健全公开工作机制，实行动态调整。要编制并公开执法流程、服务指南，方便群众办事。

2. 规范事中公示。行政执法人员从事执法活动，要佩带或者出示能够证明执法资格的执法证件，出示有关执法文书，做好告知说明工作。服务窗口要明示工作人员岗位工作信息。

3. 推动事后公开。探索行政执法决定公开的范围、内容、方式、时限和程序，完善公开信息的审核、纠错和监督机制。“双随机”抽查情况及查处结果要及时向社会公布，接受群众监督。

4. 统一公示平台。试点地方的人民政府要确定本级政府和部门行政执法信息公示的统一平台，归集政府所属部门行政执法信息，有关部门要积极配合，实现执法信息互联互通。

（二）执法全过程记录制度。试点单位应当通过文字、音像等记录方式，对行政执法行为进行记录并归档，实现全过程留痕和可回溯管理。

1. 规范文字记录。要把行政执法文书作为全过程记录的基本形式，根据执法行为的种类、性质、流程等规范执法文书的制作，推行执法文书电子化，明确执法案卷标准，确保执法文书和案卷完整准确，便于监督管理。

2. 推行音像记录。对现场检查、随机抽查、调查取证、证据保全、听证、行政强制、送达等容易引发争议的行政执法过程，要进行音像记录。对直接涉及人身自由、生命健康、重大财产权益的现场执法活动和执法场所，要进行全过程音像记录。

3. 提高信息化水平。要积极利用大数据等信息技术，结合办公自动化系统建设，探索成本低、效果好、易保存、不能删改的记录方式。

4. 强化记录实效。建立健全执法全过程记录信息收集、保存、管理、使用等工作制度，加强数据统计分析，充分发挥全过程记录信息在案卷评查、执法监督、评议考核、舆情应对、行政决策和健全社会信用体系等工作中的作用。

（三）重大执法决定法制审核制度。试点单位作出重大执法决定之前，必须进行法制审核，未经法制审核或者审核未通过的，不得作出决定。

1. 落实审核主体。试点单位的法制机构负责本单位的法制审核工作。试点单位要配备和充实政治素质高、业务能力强、具有法律专业背景并与法制审核工作任务相适应的法制审核人员，建立定期培训制度，提高法制审核人员的法律素养和业务能力。要发挥政府法律顾问在法制审核工作中的作用。

2. 确定审核范围。要结合行政执法行为的类别、执法层级、所属领域、涉案金额以及对当事人、社会的影响等因素，确定重大执法决定的范围，探索建立重大执法决定目录清单制度。有条件的试点单位可以对法定简易程序以外的所有执法决定进行法制审核。

3. 明确审核内容。要针对不同行政执法行为，明确具体审核内容，重点审核执法主体、管辖权限、执法程序、事实认定、行政裁量权运用和法律适用等情形。

4. 细化审核程序。要根据重大执法决定的实际情况，编制法制审核工作流程，明确法制审核送审材料，规范法制审核工作方式和处理机制，规定法制审核时限，建立责任追究机制。

三、组织实施

（一）加强组织领导。建立由国务院法制办、中央编办、国家发展改革委、财政部、人力资源社会保障部等组成的试点工作协调机制，研究、协调、指导试点工作。负责组织实施的有关省、自治区、直辖市人民政府和国务院有关部门，要高度重视试点工作，指导研究制定试点实施方案并监督落实，加强对试点工作的指导，开展工作交流，及时解决试点工作中遇到的困难和问题。试点地方的人民政府要成立由负责法制、编制、信息公开、发展改革、财政、人力资源社会保障等工作的部门参加的试点工作协调小组，落实机构、人员及信息系统、装备、经费等保障措施，积极稳妥推进试点工作。

（二）强化统筹衔接。开展试点工作要与行政执法体制改革、编制权力和责任清单、推进“双随机、一公开”监管、规范行政执法程序、推行政府法律顾问制度、实行行政执法人员持证上岗和资格管理等改革任务相结合，统筹协调推进，着力解决执法领域社会反映强烈的突出问题。国务院有关部门要积极推动本系统执法办案、信息公示等平台与地方执法信息公示平台的互联互通。

（三）鼓励探索创新。开展试点工作要与开展建设法治政府示范创建活动相结合，因地制宜，找准突破口和着力点，积极探索多种模式，不断创新行政执法体制机制。相对成熟的方面要规范完善，相对薄弱的环节要健全强化。

（四）做好评估总结。试点工作在2017年底前完成。负责组织实施的省、自治区、直辖市人民政府和国务院有关部门要在2017年底前组织试点单位总结试点工作经验，并将总结报告报送国务院法制办。国务院法制办要会同有关方面对试点情况进行跟踪评估，及时研究试点工作中发现的新情况新问题，定期交流、通报试点进展情况；试点工作结束后，研究提出全面推行的意见。

国务院法制办负责人就《国务院办公厅关于印发推行行政执法公示制度执法全过程记录制度重大执法决定法制审核制度试点工作方案的通知》答记者问

近日，国务院办公厅印发了《推行行政执法公示制度执法全过程记录制度重大执法决定法制审核制度试点工作方案》（以下简称《试点方案》）。国务院法制办负责人就有关问题回答了记者的提问。

问：能否简要介绍一下制定《试点方案》的主要背景和起草过程？

答：党的十八届四中全会决定提出要“建立执法全过程记录制度、严格执行重大执法决定法制审核制度、推行行政执法公示制度”（以下简称行政执法三项制度）。行政机关实施行政许可、行政处罚、行政强制、行政征收、行政收费、行政检查等执法行为，是履行政府职能的重要方式，直接关系到公民、法人和其他组织的权利义务。推行行政执法三项制度对于促进行政机关严格规范公正文明执法，保障和监督行政机关有效履行职责，维护人民群众合法权益，具有重要意义。近些年来，一些地方和部门对此进行了有益探索，取得了初步成效，但还存在工作开展不平衡、范围不明确、标准不统一、程序不规范等问题，有必要通过试点总结出可复制可推广的经验做法，促进行政执法公开透明、合法规范，加快建设法治政府，进一步推进“放管服”改革，优化经济社会发展环境。

为做好有关工作，国务院法制办在广泛听取意见、深入调研论证的基础上，研究起草了推行行政执法三项制度试点工作的征求意见稿，并发送地方和国务院有关部门征求意见。经过反复研究修改，形成了《推行行政执法公示制度执法全过程记录制度重大执法决定法制审核制度试点工作方案（送审稿)》。2016 年 12 月 30 日，习近平总书记主持的中央全面深化改革领导小组第三十一次会议审议通过，决定由国务院办公厅印发。

问：起草《试点方案》遵循了什么样的总体思路？

答：推行行政执法三项制度试点工作涉及各级行政执法部门，直接关系人民群众切身利益。为此，起草工作主要突出了以下三个方面的考虑：一是坚持问题导向。试点任务紧紧围绕人民群众反映突出的行政执法不规范、办事效率低、影响营商环境、侵犯人民群众利益等问题，切实改进工作，完善制度。二是鼓励探索创新。《试点方案》根据行政执法三项制度的不同特点分别选择不同地方、不同部门和不同层级进行试点，推动探索和创新。三是注重试点实效。针对行政执法三项制度试点的不同情况，《试点方案》分别提出了试点目标和要求，同时强调加强组织领导和督促落实，确保试点工作取得成效。

问：能否介绍一下试点的主要任务？

答：《试点方案》确定了 32 个地方和部门进行试点，地方人民政府试点的，其所属的所有行政执法主体均为试点单位；国务院部门试点的，由其自行确定具体试点单位；地方人民政府部门试点的，该政府部门为试点单位。根据党的十八届四中全会决定关于重点规范行政许可、行政处罚、行政强制、行政征收、行政收费、行政检查等执法行为的精神，明确各试点地方和部门根据实际情况，可以在上述六类行政执法行为中选择全部或者部分开展试点。

《试点方案》要求，开展试点工作要按照依法有序、科学规范、便捷高效的原则，紧密联系实际，突出问题导向，积极稳妥实施，总结可复制可推广的经验做法。一是执法公示制度重在打造阳光政府。各试点单位要及时主动公开执法信息，让行政执法在阳光下运行，自觉接受群众监督。国务院有关部门要积极推动本系统的执法信息公示平台与地方统一平台的互联互通。二是执法全过程记录制度重在规范执法程序。各试点单位要逐步扩大执法音像记录的适用范围，对涉及人身自由、生命健康、重大财产权益的执法活动，实现全过程记录。要加强执法数据的统计分析，充分发挥执法大数据在政府决策、行政管理、优化服务、监督权力等方面的作用。三是执法决定法制审核制度重在保证合法行政。各试点单位要确保每项重大执法决定必须经过合法性审查，守住法律底线。要加强法制审核能力建设，切实保证行政执法决定严格依法作出。

问：在组织实施方面，有什么具体要求？

答：为保障试点工作顺利完成，《试点方案》提出了加强组织领导、强化统筹衔接、鼓励探索创新、做好评估总结四个方面的要求，明确了建立推行试点工作的协调机制。国务院法制办、中央编办、发展改革委、财政部、人力资源社会保障部和地方推进试点工作协调机制成员单位，要充分发挥组织领导作用，及时研究、协调、指导、推动试点工作。涉及试点工作的地方和部门，要在党委（党组）的统一领导下，把试点工作作为加快法治政府建设的重要抓手，加强组织领导，认真组织实施。各试点地方和部门要认真总结试点工作经验，进一步提高行政执法水平，扎实推进法治政府建设。

国务院办公厅
关于进一步改革完善药品生产流通使用政策的若干意见

2017年1月24日　　国办发〔2017〕13号

各省、自治区、直辖市人民政府，国务院各部委、各直属机构：

为深化医药卫生体制改革，提高药品质量疗效，规范药品流通和使用行为，更好地满足人民群众看病就医需求，推进健康中国建设，经国务院同意，现就进一步改革完善药品生产流通使用有关政策提出如下意见：

一、提高药品质量疗效，促进医药产业结构调整

（一）严格药品上市审评审批。新药审评突出临床价值。仿制药审评严格按照与原研药质量和疗效一致的原则进行。充实审评力量，加强对企业研发的指导，建立有效的与申请者事前沟通交流机制，加快解决药品注册申请积压问题。优化药品审评审批程序，对临床急需的新药和短缺药品加快审评审批。借鉴国际先进经验，探索按罕见病、儿童、老年人、急（抢）救用药及中医药（经典方）等分类审评审批，保障儿童、老年人等人群和重大疾病防治用药需求。对防治重大疾病所需专利药品，必要时可依法实施强制许可。加强临床试验数据核查，严惩数据造假行为。全面公开药品审评审批信息，强化社会

监督。

（二）加快推进已上市仿制药质量和疗效一致性评价。鼓励药品生产企业按相关指导原则主动选购参比制剂，合理选用评价方法，开展研究和评价。对需进口的参比制剂，加快进口审批，提高通关效率。对生物等效性试验实行备案制管理，允许具备条件的医疗机构、高等院校、科研机构和其他社会办检验检测机构等依法开展一致性评价生物等效性试验，实施办法另行制定。食品药品监管等部门要加强对企业的指导，推动一致性评价工作任务按期完成。对通过一致性评价的药品，及时向社会公布相关信息，并将其纳入与原研药可相互替代药品目录。同品种药品通过一致性评价的生产企业达到3家以上的，在药品集中采购等方面不再选用未通过一致性评价的品种；未超过3家的，优先采购和使用已通过一致性评价的品种。加快按通用名制订医保药品支付标准，尽快形成有利于通过一致性评价仿制药使用的激励机制。

（三）有序推进药品上市许可持有人制度试点。优先对批准上市的新药和通过一致性评价的药品试行上市许可持有人制度，鼓励新药研发，促进新产品、新技术和已有产能对接。及时总结试点经验，完善相关政策措施，力争早日在全国推开。

（四）加强药品生产质量安全监管。督促企业严格执行药品生产质量管理规范（GMP），如实记录生产过程各项信息，确保数据真实、完整、准确、可追溯。加强对企业药品生产质量管理规范执行情况的监督检查，检查结果向社会公布，并及时采取措施控制风险。企业对药品原辅料变更、生产工艺调整等，应进行充分验证。严厉打击制售假劣药品的违法犯罪行为。

（五）加大医药产业结构调整力度。加强技术创新，实施重大新药创制科技重大专项等国家科技计划（专项、基金等），支持符合条件的企业和科研院所研发新药及关键技术，提升药物创新能力和质量疗效。推动落后企业退出，着力化解药品生产企业数量多、规模小、水平低等问题。支持药品生产企业兼并重组，简化集团内跨地区转移产品上市许可的审批手续，培育一批具有国际竞争力的大型企业集团，提高医药产业集中度。引导具有品牌、技术、特色资源和管理优势的中小型企业以产业联盟等多种方式做优做强。提高集约化生产水平，促进形成一批临床价值和质量水平高的品牌药。

（六）保障药品有效供应。卫生计生、工业和信息化、商务、食品药品监管等部门要密切协作，健全短缺药品、低价药品监测预警和分级应对机制，建立完善短缺药品信息采集、报送、分析、会商制度，动态掌握重点企业生产情况，统筹采取定点生产、药品储备、应急生产、协商调剂等措施确保药品市场供应。采取注册承诺、药价谈判、集中采购、医保支付等综合措施，推动实现专利药品和已过专利期药品在我国上市销售价格不高于原产国或我国周边可比价格，并实施动态管理。加强对麻醉药品和精神药品的管理。支持质量可靠、疗效确切的医疗机构中药制剂规范使用。

二、整顿药品流通秩序，推进药品流通体制改革

（七）推动药品流通企业转型升级。打破医药产品市场分割、地方保护，推动药品流通企业跨地区、跨所有制兼并重组，培育大型现代药品流通骨干企业。整合药品仓储和运输资源，实现多仓协同，支持药品流通企业跨区域配送，加快形成以大型骨干企业为主体、中小型企业为补充的城乡药品流通网络。鼓励中小型药品流通企业专业化经营，推动部分企业向分销配送模式转型。鼓励药品流通企业批发零售一体化经营。推进零售药店分级分类管理，提高零售连锁率。鼓励药品流通企业参与国际药品采购和营销网络建设。

（八）推行药品购销“两票制”。综合医改试点省（区、市）和公立医院改革试点城市要率先推行“两票制”，鼓励其他地区实行“两票制”，争取到2018年在全国推开。药品流通企业、医疗机构购销药品要建立信息完备的购销记录，做到票据、账目、货物、货款相一致，随货同行单与药品同行。企业销售药品应按规定开具发票和销售凭证。积极推行药品购销票据管理规范化、电子化。

（九）完善药品采购机制。落实药品分类采购政策，按照公开透明、公平竞争的原则，科学设置评审因素，进一步提高医疗机构在药品集中采购中的参与度。鼓励跨区域和专科医院联合采购。在全面推行医保支付方式改革或已制定医保药品支付标准的地区，允许公立医院在省级药品集中采购平台（省级公共资源交易平台）上联合带量、带预算采购。完善国家药品价格谈判机制，逐步扩大谈判品种范围，做好与医保等政策衔接。加强国家药品供应保障综合管理信息平台和省级药品集中采购平台规范化建设，完善药品采购数据共享机制。

（十）加强药品购销合同管理。卫生计生、商务等部门要制定购销合同范本，督促购销双方依法签订合同并严格履行。药品生产、流通企业要履行社会责任，保证药品及时生产、配送，医疗机构等采购方要及时结算货款。对违反合同约定，配送不及时影响临床用药或拒绝提供偏远地区配送服务的企业，省

级药品采购机构应督促其限期整改；逾期不改正的，取消中标资格，记入药品采购不良记录并向社会公布，公立医院2年内不得采购其药品。对违反合同约定，无正当理由不按期回款或变相延长货款支付周期的医疗机构，卫生计生部门要及时纠正并予以通报批评，记入企事业单位信用记录。将药品按期回款情况作为公立医院年度考核和院长年终考评的重要内容。

（十一）整治药品流通领域突出问题。食品药品监管、卫生计生、人力资源社会保障、价格、税务、工商管理、公安等部门要定期联合开展专项检查，严厉打击租借证照、虚假交易、伪造记录、非法渠道购销药品、商业贿赂、价格欺诈、价格垄断以及伪造、虚开发票等违法违规行为，依法严肃惩处违法违规企业和医疗机构，严肃追究相关负责人的责任；涉嫌犯罪的，及时移送司法机关处理。健全有关法律法规，对查实的违法违规行为，记入药品采购不良记录、企事业单位信用记录和个人信用记录并按规定公开，公立医院2年内不得购入相关企业药品；对累犯或情节较重的，依法进一步加大处罚力度，提高违法违规成本。实施办法另行制定。食品药品监管部门要加强对医药代表的管理，建立医药代表登记备案制度，备案信息及时公开。医药代表只能从事学术推广、技术咨询等活动，不得承担药品销售任务，其失信行为记入个人信用记录。

（十二）强化价格信息监测。健全药品价格监测体系，促进药品市场价格信息透明。食品药品监管部门牵头启动建立药品出厂价格信息可追溯机制，建立统一的跨部门价格信息平台，做好与药品集中采购平台（公共资源交易平台）、医保支付审核平台的互联互通，加强与有关税务数据的共享。对虚报原材料价格和药品出厂价格的药品生产企业，价格、食品药品监管、税务等部门要依法严肃查处，清缴应收税款，追究相关责任人的责任。强化竞争不充分药品的出厂（口岸）价格、实际购销价格监测，对价格变动异常或与同品种价格差异过大的药品，要及时研究分析，必要时开展成本价格专项调查。

（十三）推进“互联网+药品流通”。以满足群众安全便捷用药需求为中心，积极发挥“互联网+药品流通”在减少交易成本、提高流通效率、促进信息公开、打破垄断等方面的优势和作用。引导“互联网+药品流通”规范发展，支持药品流通企业与互联网企业加强合作，推进线上线下融合发展，培育新兴业态。规范零售药店互联网零售服务，推广“网订店取”、“网订店送”等新型配送方式。鼓励有条件的地区依托现有信息系统，开展药师网上处方审核、合理用药指导等药事服务。食品药品监管、商务等部门要建立完善互联网药品交易管理制度，加强日常监管。

三、规范医疗和用药行为，改革调整利益驱动机制

（十四）促进合理用药。优化调整基本药物目录。公立医院要全面配备、优先使用基本药物。国家卫生计生委要组织开展临床用药综合评价工作，探索将评价结果作为药品集中采购、制定临床用药指南的重要参考。扩大临床路径覆盖面，2020 年底前实现二级以上医院全面开展临床路径管理。医疗机构要将药品采购使用情况作为院务公开的重要内容，每季度公开药品价格、用量、药占比等信息；落实处方点评、中医药辨证施治等规定，重点监控抗生素、辅助性药品、营养性药品的使用，对不合理用药的处方医生进行公示，并建立约谈制度。严格对临时采购药品行为的管理。卫生计生部门要对医疗机构药物合理使用情况进行考核排名，考核结果与院长评聘、绩效工资核定等挂钩，具体细则另行制定。

（十五）进一步破除以药补医机制。坚持医疗、医保、医药联动，统筹推进取消药品加成、调整医疗服务价格、鼓励到零售药店购药等改革，落实政府投入责任，加快建立公立医院补偿新机制。推进医药分开。医疗机构应按药品通用名开具处方，并主动向患者提供处方。门诊患者可以自主选择在医疗机构或零售药店购药，医疗机构不得限制门诊患者凭处方到零售药店购药。具备条件的可探索将门诊药房从医疗机构剥离。探索医疗机构处方信息、医保结算信息与药品零售消费信息互联互通、实时共享。各级卫生计生等部门要结合实际，合理确定和量化区域医药费用增长幅度，并落实到医疗机构，严格控制医药费用不合理增长。定期对各地医药费用控制情况进行排名，并向社会公布，主动接受监督。将医药费用控制情况与公立医院财政补助、评先评优、绩效工资核定、院长评聘等挂钩，对达不到控费目标的医院，暂停其等级评审准入、新增床位审批和大型设备配备等资格，视情况核减或取消资金补助、项目安排，并追究医院院长相应的管理责任。

（十六）强化医保规范行为和控制费用的作用。充分发挥各类医疗保险对医疗服务行为、医药费用的控制和监督制约作用，逐步将医保对医疗机构的监管延伸到对医务人员医疗服务行为的监管。探索建立医保定点医疗机构信用等级管理和黑名单管理制度。及时修订医保药品目录。加强医保基金预算管理，大力推进医保支付方式改革，全面推行以按病种付费为主，按人头付费、按床日付费等多种付费方式相结合的复合型付费方式，合理确定医保支付标准，将

药品耗材、检查化验等由医疗机构收入变为成本，促使医疗机构主动规范医疗行为、降低运行成本。

（十七）积极发挥药师作用。落实药师权利和责任，充分发挥药师在合理用药方面的作用。各地在推进医疗服务价格改革时，对药师开展的处方审核与调剂、临床用药指导、规范用药等工作，要结合实际统筹考虑，探索合理补偿途径，并做好与医保等政策的衔接。加强零售药店药师培训，提升药事服务能力和水平。加快药师法立法进程。探索药师多点执业。合理规划配置药学人才资源，强化数字身份管理，加强药师队伍建设。

药品生产流通使用改革涉及利益主体多，事关人民群众用药安全，事关医药产业健康发展，事关社会和谐稳定。各地、各部门要充分认识改革的重要性、紧迫性和艰巨性，投入更多精力抓好改革落实。要加强组织领导，结合实际细化工作方案和配套细则，完善抓落实的机制和办法，把责任压实、要求提实、考核抓实，增强改革定力，积极稳妥推进，确保改革措施落地生效。要及时评估总结工作进展，研究解决新情况、新问题，不断健全药品供应保障制度体系。要加强政策解读和舆论引导，及时回应社会关切，积极营造良好的舆论氛围。

让百姓用上好药便宜药

——国务院医改办有关负责人答记者问

国办日前印发《关于进一步改革完善药品生产流通使用政策的若干意见》。国务院医改办有关负责人就有关问题，回答了记者提问。

针对部分药品价格虚高等问题，提出全方位举措

问：《意见》有哪些政策亮点？将给群众带来哪些好处？

答：针对目前我国药品质量参差不齐、部分药品价格虚高等群众反映强烈

的突出问题，《意见》以问题为导向，从生产流通使用全链条、全流程提出了一系列有针对性的改革举措。主要政策亮点有：

加快临床急需的新药和短缺药品的审评审批。借鉴国际先进经验，探索按罕见病、儿童、老年人、急抢救用药以及中医药（经典方）等分类审评审批。

对通过质量和疗效一致性评价的仿制药，纳入与原研药可相互替代药品目录，优先采购。同品种药品通过一致性评价的生产企业达到3家以上的，在药品集中采购等方面不再选用未通过一致性评价的品种；未超过3家的，也要优先采购和使用已通过一致性评价的品种。

对专利药品和已过专利期独家生产的药品，采取注册承诺、药价谈判、集中采购、医保支付等综合措施，推动实现在我国上市销售价格不高于原产国或我国周边可比价格，并实施动态管理。

加强对医药代表的管理，建立医药代表登记备案制度。医药代表只能从事学术推广、技术咨询等活动，不得承担药品销售任务，失信的记入个人信用记录。

《意见》的实施将给群众带来实实在在的好处。第一，药品质量将更加安全。第二，进一步降低药品虚高价格，减轻群众医药费用负担。第三，提高药品供应保障能力，让群众用药更加方便快捷。第四，通过破除公立医院以药补医机制等，促使药品使用更加规范、合理。

开展仿制药一致性评价，使其质量和疗效与原研药一致

问：为什么要推进仿制药质量和疗效一致性评价？对通过一次性评价药品有何支持政策？

答：仿制药质量和疗效一致性评价，是一项现实意义重大的工作。对已经批准上市的仿制药进行一致性评价，这是补历史的课。因为过去我们批准上市的药品没有与原研药一致性评价的强制性要求，所以有些药品在疗效上与原研药存在一些差距。

历史上，美国、日本等国家也都经历了同样过程，日本用了十几年时间推进这项工作。开展仿制药一致性评价，可以使仿制药在质量和疗效上与原研药一致，在临床上可替代原研药。这不仅可以节约医疗费用，同时也可提升我国仿制药质量和制药行业整体发展水平，保证公众用药安全有效。这在我国是补课，也是创新。

一致性评价是一项需要企业投入资金、技术和时间的质量攻关、工艺改进和技术提升的工作，对通过一致性评价的仿制药品种应当给予扶持政策。通过一致性评价的药品品种，由国家食品药品监管总局向社会公布，药品生产企业可在药品说明书、标签中予以标注。医疗机构将优先采购并在临床中优先选用。加快按通用名制订医保药品支付标准，尽快形成有利于通过一致性评价的仿制药使用的激励机制。

试点药品上市许可持有人制度，调动研发人员积极性

问：什么是药品上市许可持有人制度？这一制度有什么意义？

答：药品上市许可持有人制度是欧洲、美国、日本等制药发达国家和地区在药品监管领域的通行做法。该制度采用药品上市许可与生产许可分离的管理模式，允许药品上市许可持有人（药品生产企业、研发机构或者科研人员）自行生产药品，或委托其他生产企业生产药品。

当前，在国产药品方面，我国仅允许药品生产企业在取得药品批准文号、经药品生产质量管理规范认证后，方可生产该药品。实践中，药品研发机构和科研人员无法取得药品批准文号，新药研发机构获得新药证书后只能将相关药品技术转让给药品生产企业。这种药品注册与生产许可的“捆绑”模式，不利于鼓励创新，不利于保障药品供应，不利于抑制低水平重复建设。

开展药品上市许可持有人制度试点，是药品审评审批制度改革的一项重要内容，有利于药品研发机构和科研人员积极创制新药，有利于产业结构调整和资源优化配置、减少重复投资和建设，有利于促进专业分工、提高产业集中度。

协调推动定点生产短缺药，扩大定点生产品种范围

问：为什么会出现部分药品短缺？如何解决药品短缺问题？

答：药品短缺是全球普遍存在的难题，成因复杂。解决药品短缺问题，既要快速应对燃眉之急，更应着力建立长效机制。《意见》提出，建立完善短缺药品信息采集、报送、分析、会商制度，统筹采取定点生产、药品储备、应急生产、协商调剂等措施确保药品市场供应。下一步，国家有关部门将重点采取以下几项措施：

建立健全短缺药品预警和分级应对机制。依托信息化手段，建立企业、医疗机构、患者以及社会组织等共建共享的开放性平台，衔接供需信息，及时发现短缺。相关部门协同，建立总体统筹、上下分级、分工负责的科学应对机制，保障药品供应。

稳步扩大定点生产药品范围。对于临床必需、用量小且易短缺的药品，积极协调推动定点生产，逐步扩大定点生产品种范围，推进部分小品种药品集中生产基地建设，遴选综合实力强、基本药物小品种比较集中的企业进行定点生产，逐步解决生产供应问题。

完善常态短缺药品储备制度。国家有关部门从市场供应不足的临床急需药品中联合筛选部分品种实施储备。同时，加强日常管理，完善储备信息系统功能，及时向社会发布储备产品信息，督促和指导相关省（区、市）不断完善短缺药品地方储备。

全面落实药品集中采购政策。对于妇儿专科非专利药品、急（抢）救药品、基础输液、临床用量小的药品、常用低价药品以及暂不列入招标采购的药品实行挂网采购，增强医疗机构作为采购主体的参与度，充分发挥价格杠杆作用，做好供需衔接，具体成交价格由医院与挂网企业议定，实现药品交易价格由市场竞争形成。

建立应急生产和协商调剂制度。针对重大公共卫生事件、突发事件急需的药品建立应急生产和协商调剂制度，以维护公共安全和群众利益。

加强市场价格监管和反垄断执法，加大惩处力度。清理各地药品采购中滥用行政权力，排除限制竞争行为，为药品生产经营企业参与市场公平竞争创造良好环境。

推动药品流通企业布局全国网络，支持跨区域配送

问：如何打通药品配送“最后一公里”？

答：当前我国乡（镇）、村还存在“最后一公里”配送服务能力不足的问题。“十三五”期间，有关部门将积极推动药品流通企业（集团）加快全国网络布局步伐，整合仓储和运输资源，推动多仓协同，支持企业跨区域配送，实现就近收货，就近发货，多点储备，分级接力配送，提高药品供应的准确性、及时性、安全性；加快推动药品流通商业模式创新和流程再造，推动药品流通服务向县、乡（镇）一级下沉；增加基层药品配送网络密度；在药品流通资

源集中度不高的地区，引导药品流通企业兼并重组，或建立企业运营联盟，实现资源共建共享，提升区域内整体配送服务能力；协调推动城乡一体化的药品流通信息平台建设，提升流通信息化水平和物流效率。

考核医疗机构药物合理使用情况，与院长评聘等挂钩

问：《意见》在促进合理用药、降低群众医药费用负担方面采取了哪些措施？

答：进一步破除以药补医机制，全面推开公立医院综合改革，取消药品加成，理顺医疗服务价格，落实政府投入责任，加快建立公立医院补偿新机制。对各地医药费用增长幅度进行量化管理，并落实到具体医疗机构。2017 年，全国公立医院医疗费用平均增长幅度控制在 10% 以下。

促进合理用药。公立医院要全面配备、优先使用基本药物。落实处方点评制度，落实抗生素、辅助用药、营养性用药的跟踪监控制度。医疗机构将药品采购使用情况作为院务公开的重要内容，每季度公开药品价格、用量、药占比等信息，对不合理用药的处方医生进行公示和约谈。卫生计生部门将对医疗机构药物合理使用情况进行考核排名，考核结果与院长评聘、绩效工资核定等挂钩。

大力推进医保支付方式改革，发挥医保控费作用。充分发挥各类医疗保险对医疗服务行为、医药费用的控制和监督制约作用。

［部门规章、规章性文件与解读］

工业和信息化部

关于进一步推进中小企业信息化的指导意见

2017年1月24日　　工信部企业〔2016〕445号

各省、自治区、直辖市及计划单列市、新疆生产建设兵团中小企业主管部门：

为进一步提升中小企业信息技术应用水平，增强创业创新活力，形成经济发展新动能，现就“十三五”期间推进中小企业信息化发展工作提出以下意见。

一、总体要求

（一）指导思想

全面贯彻落实党的十八大和十八届三中、四中、五中、六中全会精神，按照党中央、国务院的决策部署，牢固树立创新、协调、绿色、开放、共享的发展理念，着力加强供给侧结构性改革，紧紧围绕中国制造2025、“互联网＋”、创新驱动等国家战略，支持中小企业参与产业链，打造创新链。完善中小企业信息化服务，降低中小企业信息化应用成本，提高中小企业信息化水平，培育新兴业态，打造新的增长点，推动中小企业创新发展。

（二）基本原则

坚持市场主导与政府支持相结合。发挥市场的决定性作用，突出企业主体作用，发挥大型信息化服务商的技术、人才、网络和服务优势，加强中小企业信息化服务。发挥政府引导作用，完善政策措施，营造良好环境，建立协同机制，搭建合作平台，推动市场化专业服务资源广泛、深入地参与中小企业信息化推进工作，探索支持信息化服务和信息化应用的有效途径。

坚持服务平台化与应用网络化相结合。充分发挥专业服务平台整合资源和引领带动作用，鼓励各类服务机构依托平台探索互联互通、资源共享的有效途径，创新服务模式，打造满足中小企业发展需求的平台化服务体系。充分发挥互联网和信息技术在促进中小企业发展中的作用，通过网络引导信息技术资源向企业集聚，鼓励中小企业通过互联网和服务平台应用信息技术，增强核心竞争力。

坚持示范带动与协同推进相结合。发挥各地区位比较优势，注重产业特色，总结典型案例，发挥示范作用。推广行业信息技术集成应用解决方案，系统解决中小企业发展中的困难。增强政策的协调性和互补性，普及专业知识，推广成功经验，加强交流与分享，以点带面，协同推进中小企业信息化发展。

（三）主要目标

到2020年，中小企业信息化水平显著提升。互联网和信息技术在提升中小企业创新发展能力和推动组织管理变革方面的作用明显增强。中小企业在研发设计、生产制造、经营管理和市场营销等核心业务环节应用云计算、大数据、物联网等新一代信息技术的比例不断提高。培育和发展一批有效运用信息技术，具有创新发展优势、经营管理规范、竞争力强的中小企业。中小企业信息化服务体系进一步完善。中小企业通过基于互联网的产业生态体系，与大企业协同创新、协同制造能力显著提升。

二、重点任务

继续实施中小企业信息化推进工程，大力推动“互联网+”小微企业创业创新培育行动，发挥大型信息化服务商的辐射带动作用，进一步完善中小企业信息化服务体系，深入推进基于互联网的信息技术应用，提高中小企业应用信息技术创业创新发展能力。

（一）以信息技术提升研发设计水平

鼓励中小企业运用信息技术开展研发设计，提升创新能力，提高产品质量和附加值。进一步推广计算机辅助系统（CAD/CAE/CAPP/CAM）的应用，推广三维及虚拟现实模拟设计方式，支持企业基于数字化模型对产品结构、性能进行仿真与验证分析，推动产品分析优化及试验检验方式变革，缩短产品迭代周期，降低研发设计成本。发挥基于互联网的开放式研发平台作用，集聚研发资源，推广用户参与式的研发设计模式，建立市场反馈机制，及时响应客户需求，提升产品更新改进效率，推动协同研发、产品设计网络化。

（二）以信息技术改造生产制造方式

推动信息技术在制造业中的深度应用与融合。鼓励中小企业推进生产制造流程的柔性化改造，发展网络众包、个性化定制、服务型制造等新模式，促进中小企业生产方式变革。以工业互联网和自主可控的软硬件产品为支撑，推广服务于“智能制造”的信息化集成应用产品和解决方案，为制造业中小企业提供信息化基础条件和服务支撑。推广智能工业控制系统深度应用，促进增材制造、工业机器人、人工智能等新手段在生产过程中的应用，推动制造业中小企业的智能化转型。

（三）以信息技术提升经营管理能力

鼓励和支持中小企业充分利用云计算、大数据、移动互联网等信息技术，获得以租代建、支持核心业务发展、覆盖企业经营管理链条的便捷信息化服务，降低信息化应用的成本和门槛。进一步推广经营管理信息化软件（ERP/OA/CRM 等）的应用，并逐步向商业智能（BI）转变，全面优化业务流程，推动关键环节的整合与创新，提高经营效率和管理水平。普及推广两化融合管理体系，推进内外部管理信息的互通与共享，降低成本，优化流程，提升中小企业经营管理信息系统的集成程度，提高管理水平和经营效率。

（四）以信息技术优化市场营销

支持中小企业利用信息化拓展市场空间。鼓励中小企业利用移动互联网、新媒体等发展电子商务，探索网络营销新模式，细化区分网络群体特性，发展精准营销。大力推动电子商务应用创新，鼓励中小企业依托电子商务服务平台，利用大数据资源提升精准营销效果，开拓国内外市场。鼓励中小企业建立统一的产品质量可追溯体系，逐步建立覆盖采购、生产和销售等全链条的产品品质追溯系统。

（五）探索互联网金融缓解中小企业融资难

推动互联网金融应用，发挥网络借贷和股权众筹高效便捷、对象广泛的优势，满足小微企业小额、快速融资需求。鼓励信贷机构依托电子商务、供应链管理平台构建多元化的小微企业信用信息收集渠道，支持其依据大数据发放小微企业信用贷款。引导中小企业拓宽融资渠道，依托应收账款融资服务平台开展应收账款质押等动产融资业务。鼓励发展投融资公共服务平台，集聚各类金融机构和担保、评估、私募等融资服务机构，为小微企业提供金融产品推介、信用评级、融资培训、银企对接等专业服务，提高市场资源配置效率。

（六）引导大型信息化服务商服务中小企业

充分发挥大型信息化服务商在技术、人才、网络和服务方面的优势和产业整合能力，探索政府支持、大型信息化服务商让利、中小企业受益的信息化推进服务模式。鼓励大型服务商向小微企业和创业团队开放平台入口、数据信息、计算能力等资源，帮助中小企业提高信息化应用能力和市场竞争力。支持大型信息化服务商与地方政府、有关部门、工业园区、产业集群等开展务实合作，建立信息化服务合作联盟，针对地区主导产业、区域优势和中小企业发展特点，开发线上线下相结合、产业服务与资金支持相结合的服务产品，打造满足中小企业信息化发展需求的服务链。

（七）完善中小企业信息化服务体系

鼓励大型信息化服务商搭建信息化服务平台，整合专业服务资源，增强服务资源互补与互动，以更低成本在更大范围为中小企业提供系统化解决方案。鼓励服务机构围绕特定行业、领域，打造专业化的服务平台，推动制造业中小企业加速信息化改造进程。提高中小企业公共服务平台网络和各类中小企业创业创新服务平台的信息化服务能力。推进各类信息化服务资源的互联互通、信息共享，提高服务的针对性和实效性，为中小企业提供“一站式”的信息化解决方案。

（八）加强案例研究和应用宣传

支持各地结合区域发展实际开展信息化相关创新政策试点，加强中小企业信息化实例研究，树立一批典型案例，形成示范。通过举办信息化信息发布会、经验交流会、试点示范推广会、产品与服务展示推介会、专题论坛等形式，普及信息化专业知识和应用技能，提高中小企业对信息化支持企业发展的了解和认识。加强跨区域合作与交流，总结和推广中小企业信息化建设的成功模式和经验，营造良好的社会氛围。

三、保障措施

（一）建立协同工作机制

各地中小企业主管部门要结合本地区经济发展、产业布局和中小企业发展的需要，研究制定工作方案，细化工作目标，完善推进措施，创新工作方式。要充分发挥中小企业主管部门牵头和组织协调作用，组织调动各方资源，建立协同配合、共同推动中小企业信息化的工作机制。

（二）加大财税金融扶持

发挥各级各类中小企业发展专项资金和基金的扶持和引导作用，加大对中小企业信息化建设项目和信息化服务的支持力度。探索通过发放服务券等形式支持服务机构为中小企业提供优质低价的服务。鼓励通过政府和社会资本合作（PPP）等模式，建立和完善中小企业信息化服务平台。落实企业研发费用加计扣除政策，引导中小企业加大信息化投入。鼓励银行业金融机构、融资担保机构等为中小企业信息化建设、中小企业信息化公共服务项目建设提供资金支持和融资担保。有条件的地方设立中小企业信息化专项资金，对具有明显公益特征的信息化项目给予资金扶持。

（三）加强人才队伍建设

创新人才培养机制，支持建立多元主体、多种机制的中小企业信息化人才培养体系。支持行业协会、高校、科研院所及专业服务机构提供信息化人才交流、远程教育、创业创新辅导和培训服务。组织开展中小企业信息化人才培养专项工作，细化培训内容、创新培养方式、强化培训效果，加强信息化人才队伍建设。积极开展各类信息化体验活动，提高对信息化新理念、新应用的认识和应用水平，为中小企业培养一批信息化专业人才。

（四）加强信息化评测

鼓励各地中小企业主管部门研究建立中小企业信息化评价指标体系，加强对中小企业信息化水平的监测、分析，加强对有关政策和资金投入效果的评价，为政府部门研究扶持政策、推动信息化服务商和专业化服务机构开展服务活动提供依据，进一步提高信息化工作的针对性和有效性。

中国保险监督管理委员会

中国保险监督管理委员会行政处罚程序规定

（2017年1月5日中国保险监督管理委员会主席办公会审议通过
2017年1月25日保监会令〔2017〕1号公布
自2017年3月31日起实施）

第一章 总 则

第一条 为了规范和保障中国保险监督管理委员会（以下简称中国保监会）及中国保监会派出机构（以下简称派出机构）依法实施行政处罚，维护保险市场秩序，保护保险机构、保险资产管理机构、保险中介机构、外国保险机构驻华代表机构、保险从业人员、其他组织和公民（以下简称当事人）的合法权益，根据《中华人民共和国行政处罚法》（以下简称《行政处罚法》）、《中华人民共和国保险法》（以下简称《保险法》）及其他有关法律、行政法规，制定本规定。

第二条 当事人违反有关保险管理的法律、行政法规和中国保监会规定的，中国保监会及派出机构应当依法查处，并依法作出下列行政处罚：

（一）警告；

（二）罚款；

（三）没收违法所得；

（四）限制业务范围；

（五）责令停止接受新业务；

（六）责令停业整顿；

（七）吊销业务许可证；

（八）撤销外国保险机构驻华代表机构；

（九）撤销任职资格；

（十）责令撤换外国保险机构驻华代表机构的首席代表；

（十一）禁止进入保险业；

（十二）法律、行政法规规定的其他行政处罚。

中国保监会及派出机构实施前款所列的行政处罚，应当遵循本规定的程序，中国保监会另有规定的除外。

没有法定依据或者不遵守法定程序的，行政处罚无效。

第三条 中国保监会及派出机构实施行政处罚，应当遵循以下原则：

（一）公正、公开；

（二）保护当事人的合法权益；

（三）处罚与教育相结合；

（四）事实清楚，证据确凿，定性准确，适用依据正确，处罚适当；

（五）程序合法。

第四条 中国保监会及派出机构实施行政处罚，依法实行回避制度。

监管人员与当事人有直接利害关系或者其他关系，可能影响公正执法的，应当回避。

第五条 中国保监会及派出机构实施行政处罚，实行立案、调查与审理、决定相分离的制度。

第六条 中国保监会及派出机构在作出行政处罚决定之前，应当告知当事人作出行政处罚决定的事实、理由及依据，并告知当事人依法享有的权利。

第七条 当事人对中国保监会及派出机构所给予的行政处罚，享有陈述权、申辩权；对行政处罚不服的，有权依法申请行政复议或者提起行政诉讼。

当事人因中国保监会及派出机构违法给予行政处罚受到损害的，有权依法提出赔偿要求。

第八条 中国保监会及派出机构必须充分听取当事人的意见，复核当事人提出的事实、理由和证据；当事人提出的事实、理由或者证据成立的，应当采纳。

第九条 本规定所称保险机构，是指经保险监督管理机构批准设立，并依法登记注册的保险公司及其分支机构。

本规定所称保险资产管理机构，是指经保险监督管理机构批准设立，并依法登记注册的保险资产管理公司及其分支机构。

本规定所称保险中介机构，是指保险代理机构、保险经纪机构和保险公估机构及其分支机构。保险代理机构包括保险专业代理机构和保险兼业代理机构。

第二章 管 辖

第十条 派出机构负责对辖区内下列机构、人员的保险违法行为实施行政处罚：

（一）保险公司分支机构及其从业人员；

（二）保险中介机构及其从业人员；

（三）保监会规定的其他机构、人员。

第十一条 派出机构负责对辖区内下列违法行为依法实施行政处罚：

（一）擅自设立保险公司的；

（二）非法从事商业保险业务活动的；

（三）擅自设立保险资产管理公司的；

（四）擅自设立保险专业代理机构、保险经纪机构、保险公估机构的；

（五）非法从事保险代理业务或者经纪业务活动的。

派出机构对上述违法行为实施行政处罚时，应当依照《保险法》《非法金融机构和非法金融业务活动取缔办法》及中国保监会的有关规定执行。

第十二条 派出机构实施下列行政处罚，应当报中国保监会批准：

（一）吊销由中国保监会颁发的业务许可证；

（二）撤销由中国保监会核准的任职资格。

第十三条 派出机构管辖以外的保险违法行为，由中国保监会管辖。

第十四条 中国保监会可以直接查处派出机构管辖的保险违法行为。

中国保监会可以委托派出机构负责中国保监会管辖的保险违法行为的调查和处罚文书送达等工作，派出机构应当将有关情况及时向中国保监会报告。

第十五条 异地实施保险违法行为的，由违法行为发生地的派出机构管辖。违法行为发生地的派出机构应当及时通知实施违法行为主体所在地的派出机构。实施违法行为主体所在地的派出机构应当积极配合违法行为的查处。

第十六条 派出机构管辖的电话销售保险违法行为，原则上按照下列要求确定具体管辖地：

（一）在对电话销售业务日常监管中发现的违法行为，由呼出地派出机构查处；

（二）在投诉、举报等工作中发现的违法行为，由受话地或者投保人住所地派出机构查处，经与呼出地派出机构协商一致，也可以由呼出地派出机构查处。

第十七条 两个以上派出机构对同一保险违法行为都有管辖权的或者保险违法行为地难以查明的，由最先立案的派出机构管辖。

两个以上派出机构因管辖权发生争议的，应当报请中国保监会指定管辖。

第十八条 派出机构发现所查处的保险违法行为不属于自己管辖时，应当及时将案件并相关材料移送有管辖权的派出机构。受移送的派出机构对管辖权有异议的，不得自行移送，应当报请中国保监会指定管辖。

第三章 立案与调查

第一节 立 案

第十九条 中国保监会及派出机构发现当事人涉嫌违反有关保险法律、行政法规和中国保监会规定，依法应当受到行政处罚且有权管辖的，应当予以立案。

第二十条 立案应当填写《行政处罚立案审批表》，由中国保监会案件调查部门负责人或者派出机构负责人批准。

立案前已经依法开展调查，经调查发现当事人依法应予行政处罚的，也应当填写《行政处罚立案审批表》。

第二十一条 中国保监会或者派出机构应当及时指定案件调查人员。

案件调查人员的回避由中国保监会案件调查部门负责人或者派出机构负责人决定。

第二节 调查取证

第二十二条 调查人员应当对案件事实进行全面、客观、公正的调查，并依法充分收集证据。

行政处罚立案以前依法调查获取的证明材料符合行政处罚证据要求的，可以直接作为行政处罚案件的证据。

第二十三条 调查人员调查取证时，不得少于两人，并应当向当事人或者有关人员出示中国保监会或者派出机构合法证件和监督检查、调查通知书。

调查人员少于两人或者未出示合法证件和监督检查、调查通知书的，被检查单位和个人有权拒绝。

第二十四条 行政处罚证据包括：

（一）书证；

（二）物证；

（三）视听资料；

（四）电子数据；

（五）证人证言；

（六）当事人陈述；

（七）鉴定意见；

（八）勘验笔录、现场笔录。

第二十五条 调查人员应当收集、调取与案件有关的原始凭证作为书证。调取原始证据有困难的，可以收集复制件、影印件、节录本等，并直接标明或者以适当方式标明“经核对与原件无误”，由出具人签名或者盖章，必要时附有复制过程、复制人等情况的说明。

第二十六条 调查人员收集视听资料，应当提取视听资料的原始载体，并应当符合下列要求：

（一）附有制作过程、时间、制作人等内容的说明，并由原始载体持有人签字或者盖章；

（二）声音资料，还应当附有该声音内容的相关文字记录。

提供原始载体有困难的，可以提供复制件，但应当附有复制过程、复制人等情况的说明。

第二十七条 调查人员收集电子数据，应当提取电子数据原始载体，附有数据内容、收集时间和地点、收集过程、收集人等情况的说明，由原始数据持有人签名或者盖章。

无法提取原始载体或者提取确有困难的，可以提供电子数据复制件，但应当附有复制过程、复制人、原始载体存放地点等情况的说明。

第二十八条 调查人员可以依法要求当事人及证人提供证明材料或者与违法行为有关的其他材料，并由材料提供人在有关材料上签名或者盖章。

当事人拒绝的，调查人员应当在相关材料上注明情况，可以同时请在场的其他人员签名或者盖章，并可以视情形采取下列措施：

（一）邀请无利害关系的第三方见证并载明情况，由第三方签名或者盖章；

（二）依法运用录音、录像等视听资料加以证明，并附有相关录音、录像制作说明，由制作人签名或者盖章。

第二十九条 调查人员可以询问当事人及证人。询问应当个别进行，不得同时询问两个或者两个以上当事人、证人。询问前应当告知其有如实陈述事实、提供证据的义务。

询问应当制作《调查笔录》，《调查笔录》应当交被调查人核对；对没有阅读能力的，应当向其宣读。笔录如有差错、遗漏，应当允许其更正或者补充。经核对无误后，由被调查人逐页签名或者盖章。调查人员应当在笔录上签名。被调查人拒绝签名或者盖章的，调查人员应当在笔录上注明。

第三十条 调查人员对涉嫌违法的物品进行现场勘验时，应当有当事人在场，并制作现场勘验笔录；当事人拒绝到场的，应当在现场勘验笔录中注明。

第三十一条 抽样取证，应当有当事人在场，并开具物品清单，由调查人员和当事人签名或者盖章。

第三十二条 对可能被转移、隐匿或者毁损的文件和资料可以予以封存。

第三十三条 在证据可能灭失或者以后难以取得的情况下，可以采取先行登记保存措施。

采取先行登记保存措施，应当填写《先行登记保存证据审批书》，并由中国保监会负责人或者派出机构负责人批准。

第三十四条 先行登记保存证据的，应当签发《先行登记保存证物通知书》，填写《登记保存物品清单》，由当事人签字或者盖章确认，并加封中国保监会或者派出机构先行登记保存封条，就地由当事人保存。

登记保存证据期间，当事人或者有关人员不得损毁、销毁或者转移证据。

对于先行登记保存的证据，应当在7日内作出处理决定。

第三十五条 委托相关派出机构协助调查、取证的，必须出具书面委托证明，受委托的派出机构应当积极予以协助。

第三十六条 案件调查可以聘请资信良好的会计师事务所和律师事务所等社会中介机构参与，但必须要求其出具专业报告。

第三十七条 对有证据证明已经或者可能转移、隐匿违法资金等涉案财产或者隐匿、伪造、损毁重要证据的，经中国保监会主要负责人或者派出机构主要负责人批准，可以申请人民法院予以冻结或者查封。

第三十八条 案件调查终结，应当制作案件调查报告，案件调查报告至少包括下列内容：

（一）当事人的基本情况；

（二）调查的基本情况及相关证据；

（三）关于行政处罚的处理建议及相关依据。

第三十九条 案件调查结束后，对依法应予行政处罚的违法行为，案件调查部门对《行政处罚立案审批表》、案件调查报告、证据等案件卷宗材料进行整理，案件移交进入审理程序。卷宗材料不够规范的，案件调查部门补充完善后再行移交。

第四十条 发现违法事实涉嫌犯罪，依法需要追究刑事责任的，案件调查部门应当依照《行政执法机关移送涉嫌犯罪案件的规定》《中国保监会关于在行政执法中及时移送涉嫌犯罪案件的规定》及其他相关规定，及时向司法机关移送。

第四章　处　罚

第一节　审　理

第四十一条 案件进入审理程序后，案件审理应当从调查程序、违法事实认定、行为定性、证据采信、处罚种类与幅度等方面进行。其中重大、复杂的案件，应当依法集体讨论决定。

第四十二条 案件审理后，应当制作案件审理报告，案件作出以下处理：

（一）主要事实不清或者主要证据不足的，由案件调查部门补充调查；

（二）不构成行政违法的，依法不予处罚；

（三）虽构成行政违法但情节轻微可不予行政处罚，需要采取非行政处罚监管措施的，由案件调查部门处理；

（四）应当予以行政处罚的，提出处罚意见。

第二节　权利告知

第四十三条　拟作出行政处罚决定的，中国保监会或者派出机构应当在作出决定前向当事人进行权利告知。

告知应当制作《行政处罚事先告知书》，告知当事人拟作出行政处罚决定的事实、理由及依据，并告知当事人有权进行陈述和申辩。

第四十四条　当事人有权进行陈述和申辩。自《行政处罚事先告知书》送达之日起10日内，当事人未行使陈述权、申辩权的，视为放弃权利。

第四十五条　当事人要求陈述和申辩的，应当提交书面材料。当事人有特殊情况，经中国保监会或者派出机构批准，可以适当延长提交书面材料的期限。

中国保监会或者派出机构应当充分听取当事人的意见，对当事人提出的事实、理由和证据，认真进行复核。当事人提出的事实、理由或者证据成立的，应当予以采纳。

不得因当事人申辩而加重处罚。

第四十六条　拟作出行政处罚决定的事实、理由、依据有改变的，应当重新制作《行政处罚事先告知书》并送达当事人。

第三节　听　证

第四十七条　中国保监会或者派出机构拟依法作出下列行政处罚的，应当在《行政处罚事先告知书》中一并告知当事人有要求举行听证的权利：

（一）对保险机构及保险资产管理机构法人处以100万元以上的罚款或者对其分支机构处以20万元以上的罚款；对保险中介机构法人处以30万元以上的罚款或者对其分支机构处以10万元以上的罚款；对其他法人、组织处以100万元以上的罚款；

（二）对个人处以5万元以上的罚款；

（三）限制业务范围；

（四）责令停止接受新业务；

（五）责令停业整顿；

（六）吊销业务许可证；

（七）撤销外国保险机构驻华代表机构；

（八）撤销任职资格；

（九）责令撤换外国保险机构驻华代表机构的首席代表；

（十）禁止进入保险业；

（十一）法律、行政法规和中国保监会规章规定可以要求听证的其他处罚。

第四十八条　当事人要求听证的，应当自《行政处罚事先告知书》送达之日起3日内提出。

当事人也可以选择陈述和申辩。当事人选择陈述和申辩的，中国保监会或者派出机构应当依照本规定予以复核。

第四十九条　当事人要求听证的，中国保监会或者派出机构应当确定听证主持人。

第五十条　听证主持人在听证程序中可以行使下列职权：

（一）决定举行听证的时间和地点；

（二）决定听证的延期、中止或者终结；

（三）询问听证参加人；

（四）调取并审核有关证据；

（五）维护听证秩序，对违反听证秩序的人员进行警告，情节严重者，可以责令其退场。

第五十一条　听证主持人在听证程序中应当承担下列义务：

（一）公开、公正地履行主持听证职责，保证当事人依法行使陈述权、申辩权和质证权；

（二）保守听证案件涉及的国家秘密、商业秘密和个人隐私；

（三）不得徇私枉法，包庇纵容违法行为。

第五十二条　听证记录员在听证程序中应当承担下列义务：

（一）将《行政处罚听证通知书》及时送达当事人及相关人员；

（二）应当认真、如实制作听证笔录；

（三）保守听证案件涉及的国家秘密、商业秘密和个人隐私。

第五十三条　案件调查人员、当事人、第三人、委托代理人、证人、鉴定人、勘验人、翻译人员是听证参加人。

第五十四条 当事人享有下列权利：

（一）申请听证主持人回避；

（二）亲自参加听证或者委托一至两名代理人参加听证；

（三）就案件调查人员提出的事实、证据和依据进行申辩；

（四）就案件的证据向调查人员及其证人进行质证；

（五）听证结束前进行最后陈述；

（六）审核听证笔录。

第五十五条 当事人和其他听证参加人应当承担下列义务：

（一）按时参加听证；

（二）依法举证；

（三）如实回答听证主持人的询问；

（四）遵守听证秩序。

第五十六条 中国保监会或者派出机构根据听证主持人的决定，确定听证的时间和地点后，应当制作《行政处罚听证通知书》，在举行听证7日前送达当事人及相关听证参加人。

第五十七条 与听证案件有利害关系的其他公民、法人或者组织可以申请参加听证。

第五十八条 当事人委托他人代理参加听证的，应当向听证主持人提交由其本人签名或者盖章的授权委托书、本人身份证或者身份证复印件、代理人身份证明等相关材料。

授权委托书应当载明委托事项及权限。

第五十九条 案件调查人员应当参加听证，向听证主持人提出当事人违法的事实、证据和行政处罚建议。

第六十条 听证主持人可以通知与听证案件有关的证人、鉴定人、勘验人、翻译人员等参加听证。

第六十一条 听证公开举行的，中国保监会或者派出机构应当在办公地点先期公告当事人姓名或者名称、案由、听证时间和地点。

对涉及国家秘密、商业秘密或者个人隐私不公开举行听证的案件，听证主持人应当向当事人说明不公开听证的理由。

第六十二条 听证开始前，听证记录员应当查明听证参加人是否到场，并宣布以下听证纪律：

（一）未经听证主持人允许不得发言、提问；

（二）未经听证主持人允许不得录音、录像和摄影；

（三）未经听证主持人允许听证参加人不得退场；

（四）不得大声喧哗，不得鼓掌、哄闹或者进行其他妨碍听证秩序的活动。

第六十三条　听证主持人核对听证参加人身份，宣布听证主持人、听证记录员名单，告知听证参加人在听证中的权利义务，询问当事人是否申请听证主持人回避。

第六十四条　听证应当按照下列程序进行：

（一）听证主持人宣布听证开始，宣布案由；

（二）案件调查人员提出当事人违法的事实、证据、行政处罚的依据和建议等；

（三）当事人及其委托代理人就调查人员提出的违法事实、证据、行政处罚的依据和建议进行申辩，并可以出示无违法事实、违法事实较轻，或者减轻、免除行政处罚的证据材料；

（四）经听证主持人允许，案件调查人员和当事人可以就有关证据相互质证，也可以向到场的证人、鉴定人、勘验人发问；

（五）当事人作最后陈述；

（六）听证主持人宣布听证结束。

第六十五条　出现下列情形之一的，听证主持人应当延期举行听证：

（一）当事人因不可抗拒的事由无法到场的；

（二）当事人临时申请听证主持人回避的；

（三）其他应当延期的情形。

第六十六条　出现下列情形之一的，听证主持人可以中止听证：

（一）需要通知新的证人到场，调取新的证据或者需要重新鉴定、调查或者需要补充调查的；

（二）当事人因不可抗拒的事由，无法继续参加听证的；

（三）法人或者其他组织终止，尚未确定权利义务承继人；自然人丧失行为能力或者死亡，尚未确定法定代理人或者需要等待继承人表明是否参加听证的；

（四）其他应当中止听证的情形。

第六十七条 延期、中止听证的情形消失后，听证主持人应当恢复听证，并将听证的时间、地点通知听证参加人。

第六十八条 出现下列情形之一的，听证主持人应当终止听证：

（一）当事人撤回听证要求的；

（二）当事人无正当理由不参加听证，或者未经听证主持人允许中途退场的；

（三）当事人死亡、丧失行为能力或者终止满3个月后，未确定法定代理人或者权利义务承继人的；

（四）拟作出的行政处罚决定改变，不需要举行听证的；

（五）其他应当终结听证的情形。

当事人撤回听证要求的，听证记录员应当在听证笔录上记明，并由当事人签名或者盖章。

第六十九条 听证记录员应当如实、全面地记录听证的全过程，听证主持人和听证记录员应当在听证笔录上签名。

听证笔录应当经当事人和案件调查人员当场签名或者盖章。

当事人拒绝签名或者盖章的，听证记录员应当在听证笔录上记明情况。

第四节　处罚决定

第七十条 中国保监会或者派出机构应当根据案件调查报告和当事人陈述、申辩的情况及听证情况拟定《行政处罚决定书》，报中国保监会负责人或者派出机构负责人批准。

第七十一条 《行政处罚决定书》应当包括下列内容：

（一）当事人的姓名或者名称、住所；

（二）违反法律、行政法规或者规章的事实和证据；

（三）行政处罚的种类和依据；

（四）行政处罚的履行方式和期限；

（五）不服行政处罚决定，申请行政复议或者提起行政诉讼的途径和期限；

（六）作出行政处罚决定的机关名称及作出决定的日期。

第七十二条 《行政处罚决定书》必须盖有中国保监会或者派出机构的

印章。

第七十三条 中国保监会及派出机构应当依法将《行政处罚决定书》送达当事人。

第七十四条 中国保监会或者派出机构应当在作出行政处罚决定之日起7日内，将行政处罚决定的内容在中国保监会或者派出机构的网站上公布。

第五章 执 行

第七十五条 行政处罚决定依法作出后，当事人应当在行政处罚决定规定的期限内履行。

第七十六条 当事人对中国保监会或者派出机构的行政处罚决定不服申请行政复议或者提起行政诉讼的，行政处罚不停止执行，法律另有规定的除外。

第七十七条 当事人逾期不履行行政处罚决定的，作出行政处罚决定的中国保监会或者派出机构可以采取下列措施：

（一）到期不缴纳罚款的，每日按照罚款数额的3%加处罚款；

（二）申请人民法院强制执行；

（三）法律、行政法规规定的其他措施。

第七十八条 当事人确有经济困难，需要延期或者分期缴纳罚款的，经当事人申请和作出行政处罚决定的机关批准，可以暂缓或者分期缴纳。

第七十九条 除依法应当予以销毁的物品外，依法没收的非法财物，必须按照国家规定公开拍卖或者按照国家有关规定处理。

没收的票据交有关部门统一处理。

销毁物品，按照国家有关规定处理；没有规定的，经作出行政处罚决定的机关负责人批准，由两名以上执法人员监督销毁，并制作销毁记录。

物品处理，应当制作清单。

第八十条 吊销业务许可证的，应当收缴业务许可证，并在中国保监会指定的报纸和中国保监会或者派出机构的网站上予以公告。

公告应当包括下列内容：

（一）被处罚机构的名称；

（二）作出处罚决定的理由和法律依据；

（三）其他需要公告的事项。

第八十一条 罚没款及没收物品的变价款，必须全部上缴国库，任何单位和个人不得截留、私分或者变相私分。

第六章 附 则

第八十二条 本规定未规定的行政处罚程序，适用《行政处罚法》。

第八十三条 本规定期间的计算和行政处罚文书的送达，依照民事诉讼法及中国保监会关于期间、送达的规定执行。

本规定有关期限的“日”是指工作日，不含节假日。

第八十四条 本规定所称中国保监会负责人是指中国保监会主席或者经授权的副主席。

本规定所称派出机构负责人是指派出机构局长或者经授权的副局长。

第八十五条 本规定所称“以上”，包含本数。

第八十六条 本规定由中国保监会负责解释。

第八十七条 本规定自2017年3月31日起施行；《中国保险监督管理委员会行政处罚程序规定》（保监会令2010年第5号）和《中国保险监督管理委员会关于修改〈中国保险监督管理委员会行政处罚程序规定〉的决定》（保监会令2015年第2号）同时废止。

[司法解释、司法解释性文件与解读]

最高人民法院

关于适用《中华人民共和国婚姻法》若干问题的解释（二）的补充规定

法释〔2017〕6号

(2017年2月20日最高人民法院审判委员会第1710次会议审议通过　自2017年3月1日起施行)

在《最高人民法院关于适用〈中华人民共和国婚姻法〉若干问题的解释(二)》第二十四条的基础上增加两款，分别作为该条第二款和第三款：

夫妻一方与第三人串通，虚构债务，第三人主张权利的，人民法院不予支持。

夫妻一方在从事赌博、吸毒等违法犯罪活动中所负债务，第三人主张权利的，人民法院不予支持。

最高人民法院

关于依法妥善审理涉及夫妻债务案件有关问题的通知

2017 年 2 月 28 日　　法〔2017〕48 号

各省、自治区、直辖市高级人民法院，解放军军事法院，新疆维吾尔自治区高级人民法院生产建设兵团分院：

家事审判工作是人民法院审判工作的重要内容。在家事审判工作中，正确处理夫妻债务，事关夫妻双方和债权人合法权益的保护，事关婚姻家庭稳定和市场交易安全的维护，事关和谐健康诚信经济社会建设的推进。为此，最高人民法院审判委员会第 1710 次会议讨论通过《最高人民法院关于适用〈中华人民共和国婚姻法〉若干问题的解释（二）的补充规定》，对该司法解释第二十四条增加规定了第二款和第三款。2017 年 2 月 28 日，最高人民法院公布了修正的《最高人民法院关于适用〈中华人民共和国婚姻法〉若干问题的解释（二）》。为依法妥善审理好夫妻债务案件，现将有关问题通知如下：

一、坚持法治和德治相结合原则。在处理夫妻债务案件时，除应当依照婚姻法等法律和司法解释的规定，保护夫妻双方和债权人的合法权益，还应当结合社会主义道德价值理念，增强法律和司法解释适用的社会效果，以达到真正化解矛盾纠纷、维护婚姻家庭稳定、促进交易安全、推动经济社会和谐健康发展的目的。

二、保障未具名举债夫妻一方的诉讼权利。在审理以夫妻一方名义举债的案件中，原则上应当传唤夫妻双方本人和案件其他当事人本人到庭；需要证人出庭作证的，除法定事由外，应当通知证人出庭作证。在庭审中，应当按照《最高人民法院关于适用〈中华人民共和国民事诉讼法〉的解释》的规定，要求有关当事人和证人签署保证书，以保证当事人陈述和证人证言的真实性。未具名举债一方不能提供证据，但能够提供证据线索的，人民法院应当根据当事人的申请进行调查取证；对伪造、隐藏、毁灭证据的要依法予以惩处。未经审判程序，不得要求未举债的夫妻一方承担民事责任。

三、审查夫妻债务是否真实发生。债权人主张夫妻一方所负债务为夫妻共同债务的，应当结合案件的具体情况，按照《最高人民法院关于审理民间借贷案件适用法律若干问题的规定》第十六条第二款、第十九条规定，结合当事人之间关系及其到庭情况、借贷金额、债权凭证、款项交付、当事人的经济能力、当地或者当事人之间的交易方式、交易习惯、当事人财产变动情况以及当事人陈述、证人证言等事实和因素，综合判断债务是否发生。防止违反法律和司法解释规定，仅凭借条、借据等债权凭证就认定存在债务的简单做法。

在当事人举证基础上，要注意依职权查明举债一方作出有悖常理的自认的真实性。对夫妻一方主动申请人民法院出具民事调解书的，应当结合案件基础事实重点审查调解协议是否损害夫妻另一方的合法权益。对人民调解协议司法确认案件，应当按照《最高人民法院关于适用〈中华人民共和国民事诉讼法〉的解释》要求，注重审查基础法律关系的真实性。

四、区分合法债务和非法债务，对非法债务不予保护。在案件审理中，对夫妻一方在从事赌博、吸毒等违法犯罪活动中所负的债务，不予法律保护；对债权人知道或者应当知道夫妻一方举债用于赌博、吸毒等违法犯罪活动而向其出借款项，不予法律保护；对夫妻一方以个人名义举债后用于个人违法犯罪活动，举债人就该债务主张按夫妻共同债务处理的，不予支持。

五、把握不同阶段夫妻债务的认定标准。依照婚姻法第十七条、第十八条、第十九条和第四十一条有关夫妻共同财产制、分别财产制和债务偿还原则以及有关婚姻法司法解释的规定，正确处理夫妻一方以个人名义对外所负债务问题。

六、保护被执行夫妻双方基本生存权益不受影响。要树立生存权益高于债权的理念。对夫妻共同债务的执行涉及到夫妻双方的工资、住房等财产权益，甚至可能损害其基本生存权益的，应当保留夫妻双方及其所扶养家属的生活必需费用。执行夫妻名下住房时，应保障生活所必需的居住房屋，一般不得拍卖、变卖或抵债被执行人及其所扶养家属生活所必需的居住房屋。

七、制裁夫妻一方与第三人串通伪造债务的虚假诉讼。对实施虚假诉讼的当事人、委托诉讼代理人和证人等，要加强罚款、拘留等对妨碍民事诉讼的强制措施的适用。对实施虚假诉讼的委托诉讼代理人，除依法制裁外，还应向司法行政部门、律师协会或者行业协会发出司法建议。对涉嫌虚假诉讼等犯罪的，应依法将犯罪的线索、材料移送侦查机关。

以上通知，请遵照执行。执行中有何问题，请及时报告我院。

妥善审理涉及夫妻债务案件 维护健康诚信经济社会秩序

——最高人民法院有关负责人就“婚姻法司法解释（二）”有关问题答记者问

最高人民法院2017年2月28日公布《最高人民法院关于适用〈中华人民共和国婚姻法〉若干问题的解释（二）的补充规定》（以下简称“司法解释（二）补充规定”）和《最高人民法院关于依法妥善审理涉及夫妻债务案件有关问题的通知》（以下简称“通知”）。最高人民法院有关负责人接受记者采访并就相关问题回答了记者提问。

记者：一些社会公众对如何适用“婚姻法司法解释（二）”第二十四条存在不同认识，请介绍第二十四条起草的情况。

答：2003年12月，最高人民法院出台“婚姻法司法解释（二）”，自2004年4月1日起施行。其中第二十四条规定为“债权人就婚姻关系存续期间夫妻一方以个人名义所负债务主张权利的，应当按夫妻共同债务处理。但夫妻一方能够证明债权人与债务人明确约定为个人债务，或者能够证明属于婚姻法第十九条第三款规定情形的除外”。第二十四条的规定，秉承了婚姻法的原则和精神，是严格限定在现行法律规定范围内对法律适用问题作出的解释，没有超越现行法律规定。这也是最高人民法院历来遵循的制定司法解释的工作原则。

随着社会经济发展变化，家庭财产模式也随之发生深刻变化。现行的婚姻法是2001年修改的。该法第四章“离婚”中第四十一条就离婚后的债务偿还问题专门规定：“离婚时，原为夫妻共同生活所负的债务，应当共同偿还。共同财产不足清偿的，或财产归各自所有的，由双方协议清偿；协议不成时，由人民法院判决。”可见，较之1980年婚姻法有了较大变化，最为明显的就是删除了“男女一方单独所负债务，由本人偿还”的规定。

在2003年起草“婚姻法司法解释（二）”时，司法实践中反映较多的情况是，夫妻以不知情为由规避债权人，通过离婚恶意转移财产给另一方，借以逃避债务。考虑到立法的变化以及婚姻法规定，结合当时的经济社会生活和司法实际情况，最高人民法院在对债权人利益和夫妻另一方利益反复衡量和价值判断后，按照法律规定的内在逻辑性、举轻以明重的解释方法，确定了第二十四条的表述。随后的实践表明，“婚姻法司法解释（二）”出台后，“假离婚、真逃债”，破坏交易安全的社会现象受到遏制，市场秩序得到有效保护。

随着社会经济的发展，一般家庭拥有的财产数量和类型不断增加，社会公众的婚姻家庭观念和家庭投资渠道也日趋多元化。许多家庭的财富可能因此而快速增长，同时因投资而产生债务的风险也在不断放大。既然婚姻法规定了婚姻关系存续期间生产、经营的收益归夫妻共同所有，那么根据权利、义务、责任相统一原则，因投资经营产生的债务由夫妻共同承担自是应有之义。因此，对夫妻一方因投资经营所负债务，适用第二十四条规定按夫妻共同债务处理，与婚姻法相关规定精神是一致的。

记者：最高人民法院为什么要出台“司法解释（二）补充规定”和“通知”？

答：近年来，公众持续关注第二十四条的适用问题，对此条文存在不同解读。有观点主张修改、暂停适用甚至废止该条规定，理由主要是该条规定与婚姻法精神相悖，过分保护债权人利益，损害了未举债配偶一方利益。

最高人民法院也陆续接到一些反映，认为该条规定剥夺了不知情配偶一方合法权益，让高利贷、赌博、非法集资、非法经营、吸毒等违法犯罪行为形成的所谓债务以夫妻共同债务名义，判由不知情配偶承担，甚至夫妻一方利用该条规定勾结第三方，坑害夫妻另一方等，有损社会道德，与婚姻法精神相悖，造成不良社会影响。

现实中个体婚姻家庭情况千差万别，主张修改、暂停适用或者废止第二十四条观点所列举的情况，如有的离婚案件当事人置夫妻忠实义务、诚信原则于不顾，虚构债务或为赌博、吸毒、非法集资、高利贷、包养情妇等目的恶意举债确实存在。但是，这些确为虚构的债务和在实施违法犯罪行为时产生的非法债务，历来不受任何法律保护，不属于第二十四条适用范围，不能依据此条款判令夫妻另一方共同承担责任。至于现实中适用第二十四条判令夫妻另一方共同承担虚假债务、非法债务的极端个例，也是因为极少数法官审理案件时未查明债务性质所致，与第二十四条本身的规范目的无关。

因此，司法审判中未严格依法处理案件，出现的判令夫妻一方承担虚假债务或非法债务，需要人民法院进一步改进司法作风，提高司法能力和水平。

当然，审判中还有个别受案法院在夫妻另一方未能提出反证的情形下，就简单将上述虚假债务、非法债务直接认定为夫妻共同债务。甚至在执行阶段不当引用第二十四条认定夫妻共同债务，并将夫妻另一方直接追加为被执行人。这显然与第二十四条作为司法审判标准、不适用于执行阶段的基本属性不一致。这不但可能侵害夫妻另一方的合法权益，而且还可能造成部分社会公众误解。

鉴于目前社会对夫妻债务问题的广泛关注，最高人民法院经过认真研究，决定出台“司法解释（二）补充规定”，补充增加了两款规定，分别作出了对虚假债务、非法债务不受法律保护的规定。这既进一步表明了最高人民法院对虚假债务、非法债务否定性评价的鲜明立场，也是针对当前婚姻家庭领域新情况、新问题的最新回应。为了指导各级法院正确适用补充规定，最高人民法院同时下发了“通知”。

记者：夫妻一方与第三人串通，通过生效判决或调解书对虚假夫妻共同债务加以确认的情形时有发生。这次是否提出了有针对性的要求？

答：“第二十四条让虚假夫妻共同债务由夫妻另一方负担，损害夫妻另一方合法权益”是不赞成此条款的诸多理由中的一条。但该理由忽视了第二十四条适用的前提是“真实债务”。如果债务不真实，就不存在适用这条的可能。

之所以个案中存在适用第二十四条后，虚假债务被认定为夫妻共同债务的情形，主要是因为个别法官对债务是否虚假未依法从严审查，其中重要原因就是当事人、证人不到庭参加诉讼。由于虚假诉讼中所涉债权根本就不存在，故当事人、证人因害怕其虚构债务行为败露，往往不敢亲自参加诉讼。

为此“通知”中依据民诉法司法解释规定，明确提出当事人本人、证人应当到庭并出具保证书，通过对其进行庭审调查、询问，进一步核实债务是否真实。未举债夫妻一方如果不能提供证据证明债务为虚假债务，但能够提供相关证据线索的，人民法院应当根据当事人的申请进行调查取证。与此同时，通知还明确要求，人民法院未经审判不得要求未举债夫妻一方承担民事责任。

记者：某些个案中还存在一些法院只是简单核对双方当事人诉辩主张和相应证据，就根据表面证据或单个证据作出将虚假债务认定为夫妻共同债务的判决情形。有没有较好的解决途径？

答：由于结案压力、工作责任心等主客观因素影响，个别法官确实存在简单、机械处理夫妻共同债务案件现象。必须指出的是，简单机械处理夫妻共同债务，是司法审判应当亟须改进的方面。为此，最高人民法院在“通知”中明确提出要求，在认定夫妻一方所负债务是否为夫妻共同债务时，应注意根据民间借贷司法解释规定的诸多因素进行综合判断。

具体来说，要结合借贷双方之间是否存在亲朋好友、同事等利害关系，经合法传唤是否到庭参加诉讼、借贷金额大小与出借人经济能力是否匹配、债权凭证是否原件及其内容是否一致、款项交付方式、地点和时间是否符合日常生活经验、当地或者当事人之间的交易习惯、借贷发生前后当事人财产变动情况以及当事人陈述、证人证言等事实和因素，判断债务是否发生。“通知”强调，要坚决避免仅凭借条、借据等债权凭证就认定存在债务的简单做法。

记者：从以往虚构夫妻共同债务案件情况看，夫妻中举债一方经常会主动承认债务真实存在，而夫妻另一方虽否认却无从证明。对此有无对策？

答：这种情形确实存在。由于夫妻共同生活和生产经营的需要，夫妻一方对外举债实属正常。基于各种原因，举债夫妻一方未告知夫妻另一方某项特定举债也在所难免。而要求夫妻另一方事后证明特定债务没有发生，相当于证明没有发生的事实。这对夫妻另一方而言，未免要求苛刻。

为了缓解夫妻另一方的举证困难，“通知”提出，在举债一方的自认出现前后矛盾或无法提供其他证据加以印证时，人民法院应主动依职权对自认的真实性做进一步审查。例如，夫妻一方对另一方对外举债真实性持异议的，可以申请法院对相关银行账户进行调查取证。

最高人民法院

关于修改《最高人民法院关于公布失信被执行人名单信息的若干规定》的决定

法释〔2017〕7号

（2017年1月16日最高人民法院审判委员会第1707次会议审议通过
2017年2月28日最高人民法院公告公布
自2017年5月1日起施行）

《最高人民法院关于修改〈最高人民法院关于公布失信被执行人名单信息的若干规定〉的决定》已于2017年1月16日由最高人民法院审判委员会第1707次会议通过，现予公布，自2017年5月1日起施行。

根据最高人民法院审判委员会第1707次会议决定，对《最高人民法院关于公布失信被执行人名单信息的若干规定》作如下修改：

一、将第一条修改为："被执行人未履行生效法律文书确定的义务，并具有下列情形之一的，人民法院应当将其纳入失信被执行人名单，依法对其进行信用惩戒：

（一）有履行能力而拒不履行生效法律文书确定义务的；

（二）以伪造证据、暴力、威胁等方法妨碍、抗拒执行的；

（三）以虚假诉讼、虚假仲裁或者以隐匿、转移财产等方法规避执行的；

（四）违反财产报告制度的；

（五）违反限制消费令的；

（六）无正当理由拒不履行执行和解协议的。"

二、增加一条，作为第二条："被执行人具有本规定第一条第二项至第六项规定情形的，纳入失信被执行人名单的期限为二年。被执行人以暴力、威胁方法妨碍、抗拒执行情节严重或具有多项失信行为的，可以延长一至三年。

失信被执行人积极履行生效法律文书确定义务或主动纠正失信行为的，人民法院可以决定提前删除失信信息。”

三、增加一条，作为第三条：“具有下列情形之一的，人民法院不得依据本规定第一条第一项的规定将被执行人纳入失信被执行人名单：

（一）提供了充分有效担保的；

（二）已被采取查封、扣押、冻结等措施的财产足以清偿生效法律文书确定债务的；

（三）被执行人履行顺序在后，对其依法不应强制执行的；

（四）其他不属于有履行能力而拒不履行生效法律文书确定义务的情形。”

四、增加一条，作为第四条：“被执行人为未成年人的，人民法院不得将其纳入失信被执行人名单。”

五、将第二条改为第五条，修改为：“人民法院向被执行人发出的执行通知中，应当载明有关纳入失信被执行人名单的风险提示等内容。

申请执行人认为被执行人具有本规定第一条规定情形之一的，可以向人民法院申请将其纳入失信被执行人名单。人民法院应当自收到申请之日起十五日内审查并作出决定。人民法院认为被执行人具有本规定第一条规定情形之一的，也可以依职权决定将其纳入失信被执行人名单。

人民法院决定将被执行人纳入失信被执行人名单的，应当制作决定书，决定书应当写明纳入失信被执行人名单的理由，有纳入期限的，应当写明纳入期限。决定书由院长签发，自作出之日起生效。决定书应当按照民事诉讼法规定的法律文书送达方式送达当事人。”

六、将第三条改为第十一条，修改为：“被纳入失信被执行人名单的公民、法人或其他组织认为有下列情形之一的，可以向执行法院申请纠正：

（一）不应将其纳入失信被执行人名单的；

（二）记载和公布的失信信息不准确的；

（三）失信信息应予删除的。”

七、将第四条改为第六条，第（一）项修改为：“作为被执行人的法人或者其他组织的名称、统一社会信用代码（或组织机构代码）、法定代表人或者负责人姓名；”

八、将第六条改为第八条，将第三款改为：“国家工作人员、人大代表、政协委员等被纳入失信被执行人名单的，人民法院应当将失信情况通报其所在单位和相关部门。”

将第四款改为：“国家机关、事业单位、国有企业等被纳入失信被执行人名单的，人民法院应当将失信情况通报其上级单位、主管部门或者履行出资人职责的机构。”

九、增加一条，作为第九条：“不应纳入失信被执行人名单的公民、法人或其他组织被纳入失信被执行人名单的，人民法院应当在三个工作日内撤销失信信息。

记载和公布的失信信息不准确的，人民法院应当在三个工作日内更正失信信息。”

十、将第七条改为第十条，修改为：“具有下列情形之一的，人民法院应当在三个工作日内删除失信信息：

（一）被执行人已履行生效法律文书确定的义务或人民法院已执行完毕的；

（二）当事人达成执行和解协议且已履行完毕的；

（三）申请执行人书面申请删除失信信息，人民法院审查同意的；

（四）终结本次执行程序后，通过网络执行查控系统查询被执行人财产两次以上，未发现有可供执行财产，且申请执行人或者其他人未提供有效财产线索的；

（五）因审判监督或破产程序，人民法院依法裁定对失信被执行人中止执行的；

（六）人民法院依法裁定不予执行的；

（七）人民法院依法裁定终结执行的。

有纳入期限的，不适用前款规定。纳入期限届满后三个工作日内，人民法院应当删除失信信息。

依照本条第一款规定删除失信信息后，被执行人具有本规定第一条规定情形之一的，人民法院可以重新将其纳入失信被执行人名单。

依照本条第一款第三项规定删除失信信息后六个月内，申请执行人申请将该被执行人纳入失信被执行人名单的，人民法院不予支持。”

十一、增加一条，作为第十二条：“公民、法人或其他组织对被纳入失信被执行人名单申请纠正的，执行法院应当自收到书面纠正申请之日起十五日内审查，理由成立的，应当在三个工作日内纠正；理由不成立的，决定驳回。公民、法人或其他组织对驳回决定不服的，可以自决定书送达之日起十日内向上一级人民法院申请复议。上一级人民法院应当自收到复议申请之日起十五日内作出决定。复议期间，不停止原决定的执行。”

十二、增加一条，作为第十三条：“人民法院工作人员违反本规定公布、撤销、更正、删除失信信息的，参照有关规定追究责任。”

根据本决定，将《最高人民法院关于公布失信被执行人名单信息的若干规定》作相应修改，重新公布。

最高人民法院
关于公布失信被执行人名单信息的若干规定

（2013 年 7 月 1 日最高人民法院审判委员会第 1582 次会议通过
根据 2017 年 1 月 16 日最高人民法院审判委员会第 1707 次会议通过的
《最高人民法院关于修改〈最高人民法院关于公布失信
被执行人名单信息的若干规定〉的决定》修正）

为促使被执行人自觉履行生效法律文书确定的义务，推进社会信用体系建设，根据《中华人民共和国民事诉讼法》的规定，结合人民法院工作实际，制定本规定。

第一条 被执行人未履行生效法律文书确定的义务，并具有下列情形之一的，人民法院应当将其纳入失信被执行人名单，依法对其进行信用惩戒：

（一）有履行能力而拒不履行生效法律文书确定义务的；

（二）以伪造证据、暴力、威胁等方法妨碍、抗拒执行的；

（三）以虚假诉讼、虚假仲裁或者以隐匿、转移财产等方法规避执行的；

（四）违反财产报告制度的；

（五）违反限制消费令的；

（六）无正当理由拒不履行执行和解协议的。

第二条 被执行人具有本规定第一条第二项至第六项规定情形的，纳入失信被执行人名单的期限为二年。被执行人以暴力、威胁方法妨碍、抗拒执行情节严重或具有多项失信行为的，可以延长一至三年。

失信被执行人积极履行生效法律文书确定义务或主动纠正失信行为的，人民法院可以决定提前删除失信信息。

第三条 具有下列情形之一的，人民法院不得依据本规定第一条第一项的规定将被执行人纳入失信被执行人名单：

（一）提供了充分有效担保的；

（二）已被采取查封、扣押、冻结等措施的财产足以清偿生效法律文书确定债务的；

（三）被执行人履行顺序在后，对其依法不应强制执行的；

（四）其他不属于有履行能力而拒不履行生效法律文书确定义务的情形。

第四条 被执行人为未成年人的，人民法院不得将其纳入失信被执行人名单。

第五条 人民法院向被执行人发出的执行通知中，应当载明有关纳入失信被执行人名单的风险提示等内容。

申请执行人认为被执行人具有本规定第一条规定情形之一的，可以向人民法院申请将其纳入失信被执行人名单。人民法院应当自收到申请之日起十五日内审查并作出决定。人民法院认为被执行人具有本规定第一条规定情形之一的，也可以依职权决定将其纳入失信被执行人名单。

人民法院决定将被执行人纳入失信被执行人名单的，应当制作决定书，决定书应当写明纳入失信被执行人名单的理由，有纳入期限的，应当写明纳入期限。决定书由院长签发，自作出之日起生效。决定书应当按照民事诉讼法规定的法律文书送达方式送达当事人。

第六条 记载和公布的失信被执行人名单信息应当包括：

（一）作为被执行人的法人或者其他组织的名称、统一社会信用代码（或组织机构代码）、法定代表人或者负责人姓名；

（二）作为被执行人的自然人的姓名、性别、年龄、身份证号码；

（三）生效法律文书确定的义务和被执行人的履行情况；

（四）被执行人失信行为的具体情形；

（五）执行依据的制作单位和文号、执行案号、立案时间、执行法院；

（六）人民法院认为应当记载和公布的不涉及国家秘密、商业秘密、个人隐私的其他事项。

第七条 各级人民法院应当将失信被执行人名单信息录入最高人民法院失信被执行人名单库，并通过该名单库统一向社会公布。

各级人民法院可以根据各地实际情况，将失信被执行人名单通过报纸、广播、电视、网络、法院公告栏等其他方式予以公布，并可以采取新闻发布会或者其他方式对本院及辖区法院实施失信被执行人名单制度的情况定期向社会公布。

第八条 人民法院应当将失信被执行人名单信息，向政府相关部门、金融监管机构、金融机构、承担行政职能的事业单位及行业协会等通报，供相关单位依照法律、法规和有关规定，在政府采购、招标投标、行政审批、政府扶持、融资信贷、市场准入、资质认定等方面，对失信被执行人予以信用惩戒。

人民法院应当将失信被执行人名单信息向征信机构通报，并由征信机构在其征信系统中记录。

国家工作人员、人大代表、政协委员等被纳入失信被执行人名单的，人民法院应当将失信情况通报其所在单位和相关部门。

国家机关、事业单位、国有企业等被纳入失信被执行人名单的，人民法院应当将失信情况通报其上级单位、主管部门或者履行出资人职责的机构。

第九条 不应纳入失信被执行人名单的公民、法人或其他组织被纳入失信被执行人名单的，人民法院应当在三个工作日内撤销失信信息。

记载和公布的失信信息不准确的，人民法院应当在三个工作日内更正失信信息。

第十条 具有下列情形之一的，人民法院应当在三个工作日内删除失信信息：

（一）被执行人已履行生效法律文书确定的义务或人民法院已执行完毕的；

（二）当事人达成执行和解协议且已履行完毕的；

（三）申请执行人书面申请删除失信信息，人民法院审查同意的；

（四）终结本次执行程序后，通过网络执行查控系统查询被执行人财产两次以上，未发现有可供执行财产，且申请执行人或者其他人未提供有效财产线索的；

（五）因审判监督或破产程序，人民法院依法裁定对失信被执行人中止执行的；

（六）人民法院依法裁定不予执行的；

（七）人民法院依法裁定终结执行的。

有纳入期限的，不适用前款规定。纳入期限届满后三个工作日内，人民法院应当删除失信信息。

依照本条第一款规定删除失信信息后，被执行人具有本规定第一条规定情形之一的，人民法院可以重新将其纳入失信被执行人名单。

依照本条第一款第三项规定删除失信信息后六个月内，申请执行人申请将该被执行人纳入失信被执行人名单的，人民法院不予支持。

第十一条 被纳入失信被执行人名单的公民、法人或其他组织认为有下列情形之一的，可以向执行法院申请纠正：

（一）不应将其纳入失信被执行人名单的；

（二）记载和公布的失信信息不准确的；

（三）失信信息应予删除的。

第十二条 公民、法人或其他组织对被纳入失信被执行人名单申请纠正的，执行法院应当自收到书面纠正申请之日起十五日内审查，理由成立的，应当在三个工作日内纠正；理由不成立的，决定驳回。公民、法人或其他组织对驳回决定不服的，可以自决定书送达之日起十日内向上一级人民法院申请复议。上一级人民法院应当自收到复议申请之日起十五日内作出决定。

复议期间，不停止原决定的执行。

第十三条 人民法院工作人员违反本规定公布、撤销、更正、删除失信信息的，参照有关规定追究责任。

解读——《最高人民法院关于公布失信被执行人名单信息的若干规定》

孟　祥*

《最高人民法院关于公布失信被执行人名单信息的若干规定》（法释〔2013〕17号，以下简称《若干规定》）2013年10月1日施行以来取得了良好的法律效果和社会效果，受到了社会各界充分肯定和普遍欢迎。但在实施过程中，发现《若干规定》有关救济途径、失信名单的退出等规定不尽完善，制约了公布失信名单制度效果的进一步发挥。特别是，近年来随着对失信被执行人联合信用惩戒体系的不断完善，失信被执行人在担任公职、党代表、人大代表、政协委员，以及出行、旅游、投资、消费等方方面面都已受到限制，基本处于"一处失信、处处受限"状态，惩戒力度非常严厉。这就要求相关法律规定必须更加科学、严密、人民法院在决定纳入失信被执行人名单时应更加审慎、规范。因此，最高人民法院在总结实施《若干规定》经验的基础上，根据客观环境的新变化、新发展，决定对《若干规定》进行修订。

修订后的《若干规定》共13个条文，重点修订内容有以下几个方面：

一、进一步明确了纳入失信名单的实质要件

纳入失信名单的标准是最核心、最重要的条款，本次修改对《若干规定》有关纳入失信名单的标准作了进一步明确。其中，特别规定，对提供了充分有效担保的，已被采取查封、扣押、冻结等措施的财产足以清偿生效法律文书确定债务的等情形，不属于有履行能力而拒不履行生效法律文书确定的义务，人民法院不得据此规定将被执行人纳入失信被执行人名单，进一步保障被执行人的合法权益。同时，增加规定被执行人是未成年人的，人民法院不得将其纳入失信被执行人名单，以加强对未成年人的保护。

* 最高人民法院执行局局长。

二、增加规定了纳入失信名单的期限

《若干规定》中没有规定纳入失信名单的期限，导致一旦被纳入失信名单就等于被判了“无期徒刑”，大量失信被执行人无法从失信名单库中删除，纳入失信名单人数不断增多。截至目前，各级法院累计发布失信被执行人信息673.4万例，且人数还在不断增加。不规定纳入失信期限，不利于激励失信被执行人纠正失信行为，使公布失信名单制度“以惩促信”的作用难以有效发挥。因此，本次修改增加规定了纳入失信被执行人名单的期限一般为二年，对以暴力、威胁方法妨碍、抗拒执行情节严重或具有多项失信行为的，可以延长一年至三年，积极履行生效法律文书确定义务或主动纠正失信行为的，人民法院可以提前删除失信信息。

三、进一步明确了救济程序

《若干规定》规定被执行人认为将其纳入失信被执行人名单错误的，可以向人民法院申请纠正。但具体程序没有明确，导致实践中被执行人的救济权没有得到充分、有效保障。本次修改进一步明确规定，公民、法人或其他组织认为不应将其纳入失信被执行人名单、记载和公布的失信信息不准确、失信信息应予删除的，可以向执行法院申请纠正，公民、法人或其他组织对不予纠正决定不服的，可以自决定书送达之日起十日内向上一级人民法院申请复议。上一级人民法院应当自收到复议申请之日起十五日内作出决定。充分保障了当事人的救济权利。

四、增加了案件终结本次执行程序后删除失信名单的规定

本次修改增加规定：终结本次执行程序后，通过网络执行查控系统查询被执行人财产两次以上，未发现有可供执行财产，且申请执行人或者其他人未提供有效财产线索的，人民法院应当在三个工作日内删除失信信息。纳入失信名单针对的是有履行能力而拒不履行的被执行人，对确无履行能力的被执行人一般不予纳入。《最高人民法院关于严格规范终结本次执行程序的规定（试行）》（法〔2016〕373号）对终结本次执行程序规定了严格的程序标准和实体标准，终结本次执行程序意味着被执行人确无财产可供执行，此时人民法院应当删除其失信信息。但考虑到上述规定出台时间不长，实践中存在没有严格完成“规定动作”就终本的情况，且由于目前财产查控手段的局限性，终本只是法

律意义上的“确无财产可供执行”，并不意味着被执行人事实上绝对无财产可供执行。因此，本次并未规定案件一旦终本后就立即删除失信信息，而是做了一定程度的限制，即：通过网络执行查控系统查询被执行人财产两次以上，未发现有可供执行财产，且申请执行人或者其他人未提供有效财产线索，人民法院才删除失信信息。这样规定较好地兼顾了申请执行人与被执行人利益的平衡，确保了失信名单制度效果的有效发挥。

需要说明的是，终结本次执行程序后被执行人虽然可以免受失信惩戒，但仍然不能有《最高人民法院关于限制被执行人高消费的若干规定》中所列消费行为，包括乘坐高铁、飞机，在星级以上宾馆、酒店、夜总会、高尔夫球场等场所进行高消费，即还要被限制消费，对被执行人的限制仍然较为严厉。

最高人民法院
关于民事执行中财产调查若干问题的规定

法释〔2017〕8号

（2017年1月25日由最高人民法院审判委员会第1708次会议通过
2017年2月28日最高人民法院公告公布
自2017年5月1日起施行）

为规范民事执行财产调查，维护当事人及利害关系人的合法权益，根据《中华人民共和国民事诉讼法》等法律的规定，结合执行实践，制定本规定。

第一条 执行过程中，申请执行人应当提供被执行人的财产线索；被执行人应当如实报告财产；人民法院应当通过网络执行查控系统进行调查，根据案件需要应当通过其他方式进行调查的，同时采取其他调查方式。

第二条 申请执行人提供被执行人财产线索，应当填写财产调查表。财产线索明确、具体的，人民法院应当在七日内调查核实；情况紧急的，应当在三日内调查核实。财产线索确实的，人民法院应当及时采取相应的执行措施。

申请执行人确因客观原因无法自行查明财产的，可以申请人民法院调查。

第三条 人民法院依申请执行人的申请或依职权责令被执行人报告财产情况的，应当向其发出报告财产令。金钱债权执行中，报告财产令应当与执行通知同时发出。

人民法院根据案件需要再次责令被执行人报告财产情况的，应当重新向其发出报告财产令。

第四条 报告财产令应当载明下列事项：

（一）提交财产报告的期限；

（二）报告财产的范围、期间；

（三）补充报告财产的条件及期间；

（四）违反报告财产义务应承担的法律责任；

（五）人民法院认为有必要载明的其他事项。

报告财产令应附财产调查表，被执行人必须按照要求逐项填写。

第五条 被执行人应当在报告财产令载明的期限内向人民法院书面报告下列财产情况：

（一）收入、银行存款、现金、理财产品、有价证券；

（二）土地使用权、房屋等不动产；

（三）交通运输工具、机器设备、产品、原材料等动产；

（四）债权、股权、投资权益、基金份额、信托受益权、知识产权等财产性权利；

（五）其他应当报告的财产。

被执行人的财产已出租、已设立担保物权等权利负担，或者存在共有、权属争议等情形的，应当一并报告；被执行人的动产由第三人占有，被执行人的不动产、特定动产、其他财产权等登记在第三人名下的，也应当一并报告。

被执行人在报告财产令载明的期限内提交书面报告确有困难的，可以向人民法院书面申请延长期限；申请有正当理由的，人民法院可以适当延长。

第六条 被执行人自收到执行通知之日前一年至提交书面财产报告之日，其财产情况发生下列变动的，应当将变动情况一并报告：

（一）转让、出租财产的；

（二）在财产上设立担保物权等权利负担的；

（三）放弃债权或延长债权清偿期的；

（四）支出大额资金的；

（五）其他影响生效法律文书确定债权实现的财产变动。

第七条 被执行人报告财产后，其财产情况发生变动，影响申请执行人债权实现的，应当自财产变动之日起十日内向人民法院补充报告。

第八条 对被执行人报告的财产情况，人民法院应当及时调查核实，必要时可以组织当事人进行听证。

申请执行人申请查询被执行人报告的财产情况的，人民法院应当准许。申请执行人及其代理人对查询过程中知悉的信息应当保密。

第九条 被执行人拒绝报告、虚假报告或者无正当理由逾期报告财产情况的，人民法院可以根据情节轻重对被执行人或者其法定代理人予以罚款、拘留；构成犯罪的，依法追究刑事责任。

人民法院对有前款规定行为之一的单位，可以对其主要负责人或者直接责任人员予以罚款、拘留；构成犯罪的，依法追究刑事责任。

第十条 被执行人拒绝报告、虚假报告或者无正当理由逾期报告财产情况的，人民法院应当依照相关规定将其纳入失信被执行人名单。

第十一条 有下列情形之一的，财产报告程序终结：

（一）被执行人履行完毕生效法律文书确定义务的；

（二）人民法院裁定终结执行的；

（三）人民法院裁定不予执行的；

（四）人民法院认为财产报告程序应当终结的其他情形。

发出报告财产令后，人民法院裁定终结本次执行程序的，被执行人仍应依照本规定第七条的规定履行补充报告义务。

第十二条 被执行人未按执行通知履行生效法律文书确定的义务，人民法院有权通过网络执行查控系统、现场调查等方式向被执行人、有关单位或个人调查被执行人的身份信息和财产信息，有关单位和个人应当依法协助办理。

人民法院对调查所需资料可以复制、打印、抄录、拍照或以其他方式进行提取、留存。

申请执行人申请查询人民法院调查的财产信息的，人民法院可以根据案件需要决定是否准许。申请执行人及其代理人对查询过程中知悉的信息应当保密。

第十三条 人民法院通过网络执行查控系统进行调查，与现场调查具有同等法律效力。

人民法院调查过程中作出的电子法律文书与纸质法律文书具有同等法律效

力；协助执行单位反馈的电子查询结果与纸质反馈结果具有同等法律效力。

第十四条 被执行人隐匿财产、会计账簿等资料拒不交出的，人民法院可以依法采取搜查措施。

人民法院依法搜查时，对被执行人可能隐匿财产或者资料的处所、箱柜等，经责令被执行人开启而拒不配合的，可以强制开启。

第十五条 为查明被执行人的财产情况和履行义务的能力，可以传唤被执行人或被执行人的法定代表人、负责人、实际控制人、直接责任人员到人民法院接受调查询问。

对必须接受调查询问的被执行人、被执行人的法定代表人、负责人或者实际控制人，经依法传唤无正当理由拒不到场的，人民法院可以拘传其到场；上述人员下落不明的，人民法院可以依照相关规定通知有关单位协助查找。

第十六条 人民法院对已经办理查封登记手续的被执行人机动车、船舶、航空器等特定动产未能实际扣押的，可以依照相关规定通知有关单位协助查找。

第十七条 作为被执行人的法人或其他组织不履行生效法律文书确定的义务，申请执行人认为其有拒绝报告、虚假报告财产情况，隐匿、转移财产等逃避债务情形或者其股东、出资人有出资不实、抽逃出资等情形的，可以书面申请人民法院委托审计机构对该被执行人进行审计。人民法院应当自收到书面申请之日起十日内决定是否准许。

第十八条 人民法院决定审计的，应当随机确定具备资格的审计机构，并责令被执行人提交会计凭证、会计账簿、财务会计报告等与审计事项有关的资料。

被执行人隐匿审计资料的，人民法院可以依法采取搜查措施。

第十九条 被执行人拒不提供、转移、隐匿、伪造、篡改、毁弃审计资料，阻挠审计人员查看业务现场或者有其他妨碍审计调查行为的，人民法院可以根据情节轻重对被执行人或其主要负责人、直接责任人员予以罚款、拘留；构成犯罪的，依法追究刑事责任。

第二十条 审计费用由提出审计申请的申请执行人预交。被执行人存在拒绝报告或虚假报告财产情况，隐匿、转移财产或者其他逃避债务情形的，审计费用由被执行人承担；未发现被执行人存在上述情形的，审计费用由申请执行人承担。

第二十一条 被执行人不履行生效法律文书确定的义务，申请执行人可以向人民法院书面申请发布悬赏公告查找可供执行的财产。申请书应当载明下列事项：

（一）悬赏金的数额或计算方法；

（二）有关人员提供人民法院尚未掌握的财产线索，使该申请执行人的债权得以全部或部分实现时，自愿支付悬赏金的承诺；

（三）悬赏公告的发布方式；

（四）其他需要载明的事项。

人民法院应当自收到书面申请之日起十日内决定是否准许。

第二十二条 人民法院决定悬赏查找财产的，应当制作悬赏公告。悬赏公告应当载明悬赏金的数额或计算方法、领取条件等内容。

悬赏公告应当在全国法院执行悬赏公告平台、法院微博或微信等媒体平台发布，也可以在执行法院公告栏或被执行人住所地、经常居住地等处张贴。申请执行人申请在其他媒体平台发布，并自愿承担发布费用的，人民法院应当准许。

第二十三条 悬赏公告发布后，有关人员向人民法院提供财产线索的，人民法院应当对有关人员的身份信息和财产线索进行登记；两人以上提供相同财产线索的，应当按照提供线索的先后顺序登记。

人民法院对有关人员的身份信息和财产线索应当保密，但为发放悬赏金需要告知申请执行人的除外。

第二十四条 有关人员提供人民法院尚未掌握的财产线索，使申请发布悬赏公告的申请执行人的债权得以全部或部分实现的，人民法院应当按照悬赏公告发放悬赏金。

悬赏金从前款规定的申请执行人应得的执行款中予以扣减。特定物交付执行或者存在其他无法扣减情形的，悬赏金由该申请执行人另行支付。

有关人员为申请执行人的代理人、有义务向人民法院提供财产线索的人员或者存在其他不应发放悬赏金情形的，不予发放。

第二十五条 执行人员不得调查与执行案件无关的信息，对调查过程中知悉的国家秘密、商业秘密和个人隐私应当保密。

第二十六条 本规定自2017年5月1日起施行。

本规定施行后，本院以前公布的司法解释与本规定不一致的，以本规定为准。

解读——

《最高人民法院关于民事执行中财产调查若干问题的规定》

孟 祥*

民事执行的核心是财产执行，查明被执行人的财产状况是强制执行程序的重要环节，是人民法院采取控制、变价等执行措施的基础，是顺利实现生效法律文书确定权利的前提。但在过去一段时期，由于社会信用建设滞后、申请执行人提供财产信息能力有限、人民法院调查手段单一、协助义务人消极协助、对被执行人隐匿转移财产等行为惩戒力度不足等多方面因素，使得“被执行人财产难寻”现象成为困扰执行工作的突出问题，“解决执行难”系统工程中的硬骨头。加强和完善被执行人财产调查制度在执行中存在迫切需求。

为规范执行财产调查制度，合理分配财产调查责任，强化财产调查效果，拓宽财产调查途径，树立司法调查权威，维护当事人及利害关系人的合法权益，最高人民法院在充分总结财产调查实践经验的基础上，出台了《财产调查规定》，力求构建系统、完善的执行财产调查制度。

《财产调查规定》共26个条文，主要包括以下五个方面的内容：

一、合理划分财产调查责任

目前，查明被执行人财产的途径主要有三种：一是申请执行人提供线索，二是被执行人报告，三是法院依职权调查。从世界范围看，多数国家和地区以债权人自行调查为主，而我国则更多依靠人民法院调查。应当看到，申请执行人具有提供被执行人财产线索的积极性，由其适当分担财产调查责任应当是未来我国财产调查制度的发展趋势。但在当事人的调查手段还比较有限的现实面前，为充分维护当事人的合法权益，人民法院依然要承担主要的财产调查责任。

* 最高人民法院执行局局长。

有鉴于此，《财产调查规定》规定，人民法院有义务通过网络执行查控系统查询被执行人的财产，以解决对常见财产形式的调查问题；对于网络执行查控系统尚未覆盖的财产形式，人民法院应当根据案件需要采取其他方式进行调查，当事人及其代理人也可以自行调查。

二、强化被执行人的财产报告义务

被执行人报告财产是财产调查的重要途径，能够全面反映被执行人的财产状况和履行能力，有利于减少人民法院寻找被执行人财产的盲目性。但实践中，由于存在核实不及时、惩罚不到位等问题，该制度的功能一直没有得到充分发挥。为强化被执行人报告财产义务，《财产调查规定》具体规定了报告财产令的内容、报告财产的范围、补充报告义务、核实程序、不履行报告义务的法律责任等问题，进一步完善了被执行人财产报告制度。

为解决当事人敷衍申报，人民法院处罚不力的问题，《财产调查规定》专门规定了对财产报告的调查核实程序；细化了被执行人不履行报告义务的处罚措施，尤其强调法院对不履行报告义务的被执行人应当依法实施信用惩戒。以便构筑多层次惩戒机制，形成强大威慑力，确保财产报告制度长出“牙齿”。

三、巩固信息化与执行联动建设成果

近年来，人民法院执行信息化建设飞速发展，逐步形成了覆盖全国及主要财产形式的网络执行查控系统。网络查询具有高效、便捷的优点，有助于克服传统模式下查人找物效率低、覆盖面小的难题，极大地提高了人民法院查找被执行人财产的能力，是未来人民法院调查措施的发展方向。但目前，网络查询在司法解释层面尚缺少一般性规范。实践中，对于网络查询与现场查询是否具有相同效力也还存在一定争议。为此，《财产调查规定》特别明确了网络查询与现场调查具有同等效力，以肯定网络查询在人民法院调查措施中的关键地位。

多年的实践表明，解决执行难，主体责任在法院，但也离不开其他部门的支持。在查人找物方面，公安机关的配合一直起着非常重要的作用。实践中，有些法院以2011年十九部门联合下发的《关于建立和完善执行联动机制若干问题的意见》为基础，与当地公安机关积极协调，取得了非常好的效果。例如，浙江高院与浙江省公安厅高速公路交警总队签署会议纪要，规定发现协助执行车辆时，由民警实施拦截检查，并按程序移交法院。2014年10月至2015

年12月，浙江法院共接收高速交警移交布控车辆233辆，通过这一方式执毕案件104件，到位标的1800多万元。《财产调查规定》在吸收和借鉴实践成功经验的基础上，规定已在登记机关查封的被执行人机动车、船舶、航空器等财产未能实际扣押的，或者必须接受调查询问的被执行人等主体下落不明的，可以依照相关规定通知有关部门予以协助查找。

四、丰富财产调查手段，设立审计调查制度

近年来，为破解“执行难”问题，各地法院不断探索财产调查的新方式。其中，通过委托专业机构对被执行人的财务状况进行审计，能够了解被执行人财产的真实状况，有助于追查被执行人财产去向、发现出资瑕疵，为人民法院进一步采取执行措施或变更、追加被执行人创造条件。在北京市海淀区法院执行的一起案件中，法院通过委托专业机构对被执行人会计账簿进行审计，发现其存在“虚构工资、药费等项目向某招待所支付大笔费用，借用该招待所账户结算本公司各项费用”的行为，并以此为突破口，顺利执结了案件。

《财产调查规定》在总结执行实践经验基础上，确立了审计调查制度。同时，为解决被执行人不提供审计资料的问题，《财产调查规定》明确被执行人隐匿审计资料的，人民法院可以依法搜查；并严格被执行人妨碍审计调查的法律责任，以确保审计活动顺利进行。

五、拓宽财产线索来源，设立悬赏公告制度

悬赏执行是指，通过悬赏鼓励社会公众将其了解到的财产线索提供给人民法院，是“依靠群众”之一优良司法传统的重要体现。其一方面可以增加发现被执行人财产的机会；另一方面也有助于形成对被执行人的心理压力，促其主动履行义务。

实践表明，悬赏公告是行之有效的调查手段，对一些案件的顺利解决能够起到关键作用。例如，青海省西宁市城北区法院执行的一起案件中，法院判决被执行人向申请执行人返还机器设备两台，但被执行人将设备隐匿，规避执行。该院根据悬赏获得的线索，迅速确定了两台设备的隐藏地点，很快就将案件执行完毕。

在充分调研的基础上，《财产调查规定》明确规定了悬赏公告制度。既对发布悬赏公告调查被执行人财产的做法予以肯定，又对悬赏金的领取条件、支付方式等问题予以规范，以便降低因悬赏公告发生纠纷的可能，避免诱发道德风险。

最高人民法院

印发《关于执行款物管理工作的规定》的通知

2017年2月27日　　法发〔2017〕6号

各省、自治区、直辖市高级人民法院，解放军军事法院，新疆维吾尔自治区高级人民法院生产建设兵团分院：

为规范人民法院对执行款物的管理工作，维护当事人的合法权益，最高人民法院对2006年5月18日发布施行的《关于执行款物管理工作的规定（试行）》（法发〔2006〕11号）进行了修订。现将修订后的《最高人民法院关于执行款物管理工作的规定》予以印发，请遵照执行。

为规范人民法院对执行款物的管理工作，维护当事人的合法权益，根据《中华人民共和国民事诉讼法》及有关司法解释，参照有关财务管理规定，结合执行工作实际，制定本规定。

第一条　本规定所称执行款物，是指执行程序中依法应当由人民法院经管的财物。

第二条　执行款物的管理实行执行机构与有关管理部门分工负责、相互配合、相互监督的原则。

第三条　财务部门应当对执行款的收付进行逐案登记，并建立明细账。

对于由人民法院保管的查封、扣押物品，应当指定专人或部门负责，逐案登记，妥善保管，任何人不得擅自使用。

执行机构应当指定专人对执行款物的收发情况进行管理，设立台账、逐案登记，并与执行款物管理部门对执行款物的收发情况每月进行核对。

第四条　人民法院应当开设执行款专户或在案款专户中设置执行款科目，

对执行款实行专项管理、独立核算、专款专付。

人民法院应当采取一案一账号的方式，对执行款进行归集管理，案号、款项、被执行人或交款人应当一一对应。

第五条 执行人员应当在执行通知书或有关法律文书中告知人民法院执行款专户或案款专户的开户银行名称、账号、户名，以及交款时应当注明执行案件案号、被执行人姓名或名称、交款人姓名或名称、交款用途等信息。

第六条 被执行人可以将执行款直接支付给申请执行人；人民法院也可以将执行款从被执行人账户直接划至申请执行人账户。但有争议或需再分配的执行款，以及人民法院认为确有必要的，应当将执行款划至执行款专户或案款专户。

人民法院通过网络执行查控系统扣划的执行款，应当划至执行款专户或案款专户。

第七条 交款人直接到人民法院交付执行款的，执行人员可以会同交款人或由交款人直接到财务部门办理相关手续。

交付现金的，财务部门应当即时向交款人出具收款凭据；交付票据的，财务部门应当即时向交款人出具收取凭证，在款项到账后三日内通知执行人员领取收款凭据。

收到财务部门的收款凭据后，执行人员应当及时通知被执行人或交款人在指定期限内用收取凭证更换收款凭据。被执行人或交款人未在指定期限内办理更换手续或明确拒绝更换的，执行人员应当书面说明情况，连同收款凭据一并附卷。

第八条 交款人采用转账汇款方式交付和人民法院采用扣划方式收取执行款的，财务部门应当在款项到账后三日内通知执行人员领取收款凭据。

收到财务部门的收款凭据后，执行人员应当参照本规定第七条第三款规定办理。

第九条 执行人员原则上不直接收取现金和票据；确有必要直接收取的，应当不少于两名执行人员在场，即时向交款人出具收取凭证，同时制作收款笔录，由交款人和在场人员签名。

执行人员直接收取现金或者票据的，应当在回院后当日将现金或票据移交财务部门；当日移交确有困难的，应当在回院后一日内移交并说明原因。财务部门应当按照本规定第七条第二款规定办理。

收到财务部门的收款凭据后，执行人员应当按照本规定第七条第三款规定办理。

第十条 执行人员应当在收到财务部门执行款到账通知之日起三十日内，完成执行款的核算、执行费用的结算、通知申请执行人领取和执行款发放等工作。

有下列情形之一的，报经执行局局长或主管院领导批准后，可以延缓发放：

（一）需要进行案款分配的；

（二）申请执行人因另案诉讼、执行或涉嫌犯罪等原因导致执行款被保全或冻结的；

（三）申请执行人经通知未领取的；

（四）案件被依法中止或者暂缓执行的；

（五）有其他正当理由需要延缓发放执行款的。

上述情形消失后，执行人员应当在十日内完成执行款的发放。

第十一条 人民法院发放执行款，一般应当采取转账方式。

执行款应当发放给申请执行人，确需发放给申请执行人以外的单位或个人的，应当组成合议庭进行审查，但依法应当退还给交款人的除外。

第十二条 发放执行款时，执行人员应当填写执行款发放审批表。执行款发放审批表中应当注明执行案件案号、当事人姓名或名称、交款人姓名或名称、交款金额、交款时间、交款方式、收款人姓名或名称、收款人账号、发款金额和方式等情况。报经执行局局长或主管院领导批准后，交由财务部门办理支付手续。

委托他人代为办理领取执行款手续的，应当附特别授权委托书、委托代理人的身份证复印件。委托代理人是律师的，应当附所在律师事务所出具的公函及律师执照复印件。

第十三条 申请执行人要求或同意人民法院采取转账方式发放执行款的，执行人员应当持执行款发放审批表及申请执行人出具的本人或本单位接收执行款的账户信息的书面证明，交财务部门办理转账手续。

申请执行人或委托代理人直接到人民法院办理领取执行款手续的，执行人员应当在查验领款人身份证件、授权委托手续后，持执行款发放审批表，会同领款人到财务部门办理支付手续。

第十四条 财务部门在办理执行款支付手续时，除应当查验执行款发放审批表，还应当按照有关财务管理规定进行审核。

第十五条 发放执行款时，收款人应当出具合法有效的收款凭证。财务部门另有规定的，依照其规定。

第十六条 有下列情形之一，不能在规定期限内发放执行款的，人民法院可以将执行款提存：

（一）申请执行人无正当理由拒绝领取的；

（二）申请执行人下落不明的；

（三）申请执行人死亡未确定继承人或者丧失民事行为能力未确定监护人的；

（四）按照申请执行人提供的联系方式无法通知其领取的；

（五）其他不能发放的情形。

第十七条 需要提存执行款的，执行人员应当填写执行款提存审批表并附具有提存情形的证明材料。执行款提存审批表中应注明执行案件案号、当事人姓名或名称、交款人姓名或名称、交款金额、交款时间、交款方式、收款人姓名或名称、提存金额、提存原因等情况。报经执行局局长或主管院领导批准后，办理提存手续。

提存费用应当由申请执行人负担，可以从执行款中扣除。

第十八条 被执行人将执行依据确定交付、返还的物品（包括票据、证照等）直接交付给申请执行人的，被执行人应当向人民法院出具物品接收证明；没有物品接收证明的，执行人员应当将履行情况记入笔录，经双方当事人签字后附卷。

被执行人将物品交由人民法院转交给申请执行人或由人民法院主持双方当事人进行交接的，执行人员应当将交付情况记入笔录，经双方当事人签字后附卷。

第十九条 查封、扣押至人民法院或被执行人、担保人等直接向人民法院交付的物品，执行人员应当立即通知保管部门对物品进行清点、登记，有价证券、金银珠宝、古董等贵重物品应当封存，并办理交接。保管部门接收物品后，应当出具收取凭证。

对于在异地查封、扣押，且不便运输或容易毁损的物品，人民法院可以委托物品所在地人民法院代为保管，代为保管的人民法院应当按照前款规定办理。

第二十条 人民法院应当确定专门场所存放本规定第十九条规定的物品。

第二十一条 对季节性商品、鲜活、易腐烂变质以及其他不宜长期保存的物品，人民法院可以责令当事人及时处理，将价款交付人民法院；必要时，执行人员可予以变卖，并将价款依照本规定要求交财务部门。

第二十二条 人民法院查封、扣押或被执行人交付，且属于执行依据确定交付、返还的物品，执行人员应当自查封、扣押或被执行人交付之日起三十日内，完成执行费用的结算、通知申请执行人领取和发放物品等工作。不属于执行依据确定交付、返还的物品，符合处置条件的，执行人员应当依法启动财产处置程序。

第二十三条 人民法院解除对物品的查封、扣押措施的，除指定由被执行人保管的外，应当自解除查封、扣押措施之日起十日内将物品发还给所有人或交付人。

物品在人民法院查封、扣押期间，因自然损耗、折旧所造成的损失，由物品所有人或交付人自行负担，但法律另有规定的除外。

第二十四条 符合本规定第十六条规定情形之一的，人民法院可以对物品进行提存。

物品不适于提存或者提存费用过高的，人民法院可以提存拍卖或者变卖该物品所得价款。

第二十五条 物品的发放、延缓发放、提存等，除本规定有明确规定外，参照执行款的有关规定办理。

第二十六条 执行款物的收发凭证、相关证明材料，应当附卷归档。

第二十七条 案件承办人调离执行机构，在移交案件时，必须同时移交执行款物收发凭证及相关材料。执行款物收发情况复杂的，可以在交接时进行审计。执行款物交接不清的，不得办理调离手续。

第二十八条 各高级人民法院在实施本规定过程中，结合行政事业单位内部控制建设的要求，以及执行工作实际，可制定具体实施办法。

第二十九条 本规定自2017年5月1日起施行。2006年5月18日施行的《最高人民法院关于执行款物管理工作的规定（试行）》（法发〔2006〕11号）同时废止。

解读——
《最高人民法院关于执行款物管理工作的规定》

孟　祥*

2006年5月18日实施的《最高人民法院关于执行款物管理工作的规定(试行)》(以下简称《试行规定》),距今已有10年,司法实践已经发生了较大变化,《试行规定》有些规定已不能满足司法实践需要。2016年3月底,最高人民法院、最高人民检察院联合在全国法院开展集中清理执行案款活动,根据清理中反映的问题和积累的经验,为进一步加强执行款物管理,严格规范执行款物收发,最高人民法院兼采各地法院执行款物管理成功经验,结合网络执行查控系统建设进程的基础上,修订了《执行款物管理规定》。

该规定共29条,重点内容包括以下四个方面:

一、建立款物收发情况定期核对机制

《试行规定》中规定了执行机构与财务部门的"分工负责,相互配合,相互监督"原则,但因缺乏具体的配套制度,导致该原则在实践过程中没有充分得到落实。执行机构与财务部门各有各的明细账,财务部门只知道收到了款项,但不知道款项是何来源,应否发放;执行机构只知道给被执行人发了执行通知书,但不知道被执行人是否交付、交付了多少,银行扣划的款项是否到账。日积月累,就出现了执行案款的滞留问题。为此,《执行款物管理规定》特别确立了定期核对账目机制。即执行款物管理部门应当对执行款物的收发进行逐案登记,执行机构应当指定专人对执行款物的收发情况进行管理,设立台账,并与执行款物管理部门每月进行核对。以便有效解决执行机构与执行款物管理部门管理脱节问题,真正做到相互配合、相互监督。

二、规定"一案一账号"执行案款归集管理方法

执行机构与执行款物管理部门定期核对账目,只是解决了管理上的脱节。

* 最高人民法院执行局局长。

由于执行案款的收取方式有多种，被执行人通过转账交付或是委托他人交付，亦或是委托他人转账交付的，如果付款人未注明该款项是哪个案件的执行款，即便是执行机构与执行款物管理部门进行定期核对，也很难做到一一对应。为此，许多法院创新执行案款管理方法，积极与执行款专户开户银行协商，在执行款专户项下为每个执行案件设立一个账号，在执行通知书中明确告知被执行人应向该账号交付执行案款，在协助扣划通知书中明确要求银行向该账号划款。实践表明，“一案一账号”作为执行案款管理新方式，具有账目清晰、程序透明、发放高效的特点，法律效果和社会效果都很好。《执行款物管理规定》在充分借鉴各地法院成功经验的基础上，规定了“一案一账号”的执行案款归集管理方法，力求实现执行案、款、人的一一对应。

三、细化执行案款收取、发放、提取流程

执案案款的收取、发放、提取是执行款物管理的重点，《执行款物管理规定》对相关工作流程进行细化，使其具有更强的操作性。

四、增加对查封、扣押物品收发情况的管理规定

《试行规定》对由人民法院保管的查封、扣押物品如何管理，仅作了原则规定，导致实际工作中出现了管理不统一，工作不规范的问题。为此，《执行款物管理规定》特别用八个条文对人民法院查封、扣押物品的管理部门、物品的清点与交接、特殊物品的处理、解封后的发还期限以及物品的提存等问题进行了详细的规定。这也体现了“重案款、轻物品”的执行款物管理观念的转变，将为人民法院做到执行款、物并重管理、规范管理、细化管理奠定制度基础。

最高人民法院

关于审理商标授权确权行政案件若干问题的规定

法释〔2017〕2号

（2016年12月12日最高人民法院审判委员会第1703次会议通过 自2017年3月1日起施行）

为正确审理商标授权确权行政案件，根据《中华人民共和国商标法》《中华人民共和国行政诉讼法》等法律规定，结合审判实践，制定本规定。

第一条 本规定所称商标授权确权行政案件，是指相对人或者利害关系人因不服国务院工商行政管理部门商标评审委员会（以下简称商标评审委员会）作出的商标驳回复审、商标不予注册复审、商标撤销复审、商标无效宣告及无效宣告复审等行政行为，向人民法院提起诉讼的案件。

第二条 人民法院对商标授权确权行政行为进行审查的范围，一般应根据原告的诉讼请求及理由确定。原告在诉讼中未提出主张，但商标评审委员会相关认定存在明显不当的，人民法院在各方当事人陈述意见后，可以对相关事由进行审查并做出裁判。

第三条 商标法第十条第一款第（一）项规定的同中华人民共和国的国家名称等“相同或者近似”，是指商标标志整体上与国家名称等相同或者近似。

对于含有中华人民共和国的国家名称等，但整体上并不相同或者不相近似的标志，如果该标志作为商标注册可能导致损害国家尊严的，人民法院可以认定属于商标法第十条第一款第（八）项规定的情形。

第四条 商标标志或者其构成要素带有欺骗性，容易使公众对商品的质量等特点或者产地产生误认，商标评审委员会认定其属于2001年修正的商标法第十条第一款第（七）项规定情形的，人民法院予以支持。

第五条 商标标志或者其构成要素可能对我国社会公共利益和公共秩序产生消极、负面影响的，人民法院可以认定其属于商标法第十条第一款第（八）项规定的“其他不良影响”。

将政治、经济、文化、宗教、民族等领域公众人物姓名等申请注册为商标，属于前款所指的“其他不良影响”。

第六条 商标标志由县级以上行政区划的地名或者公众知晓的外国地名和其他要素组成，如果整体上具有区别于地名的含义，人民法院应当认定其不属于商标法第十条第二款所指情形。

第七条 人民法院审查诉争商标是否具有显著特征，应当根据商标所指定使用商品的相关公众的通常认识，判断该商标整体上是否具有显著特征。商标标志中含有描述性要素，但不影响其整体具有显著特征的；或者描述性标志以独特方式加以表现，相关公众能够以其识别商品来源的，应当认定其具有显著特征。

第八条 诉争商标为外文标志时，人民法院应当根据中国境内相关公众的通常认识，对该外文商标是否具有显著特征进行审查判断。标志中外文的固有含义可能影响其在指定使用商品上的显著特征，但相关公众对该固有含义的认知程度较低，能够以该标志识别商品来源的，可以认定其具有显著特征。

第九条 仅以商品自身形状或者自身形状的一部分作为三维标志申请注册商标，相关公众一般情况下不易将其识别为指示商品来源标志的，该三维标志不具有作为商标的显著特征。

该形状系申请人所独创或者最早使用并不能当然导致其具有作为商标的显著特征。

第一款所称标志经过长期或者广泛使用，相关公众能够通过该标志识别商品来源的，可以认定该标志具有显著特征。

第十条 诉争商标属于法定的商品名称或者约定俗成的商品名称的，人民法院应当认定其属于商标法第十一条第一款第（一）项所指的通用名称。依据法律规定或者国家标准、行业标准属于商品通用名称的，应当认定为通用名称。相关公众普遍认为某一名称能够指代一类商品的，应当认定为约定俗成的通用名称。被专业工具书、辞典等列为商品名称的，可以作为认定约定俗成的通用名称的参考。

约定俗成的通用名称一般以全国范围内相关公众的通常认识为判断标准。对于由于历史传统、风土人情、地理环境等原因形成的相关市场固定的商品，在该相关市场内通用的称谓，人民法院可以认定为通用名称。

诉争商标申请人明知或者应知其申请注册的商标为部分区域内约定俗成的商品名称的，人民法院可以视其申请注册的商标为通用名称。

人民法院审查判断诉争商标是否属于通用名称，一般以商标申请日时的事实状态为准。核准注册时事实状态发生变化的，以核准注册时的事实状态判断其是否属于通用名称。

第十一条　商标标志只是或者主要是描述、说明所使用商品的质量、主要原料、功能、用途、重量、数量、产地等的，人民法院应当认定其属于商标法第十一条第一款第（二）项规定的情形。商标标志或者其构成要素暗示商品的特点，但不影响其识别商品来源功能的，不属于该项所规定的情形。

第十二条　当事人依据商标法第十三条第二款主张诉争商标构成对其未注册的驰名商标的复制、摹仿或者翻译而不应予以注册或者应予无效的，人民法院应当综合考量如下因素以及因素之间的相互影响，认定是否容易导致混淆：

（一）商标标志的近似程度；

（二）商品的类似程度；

（三）请求保护商标的显著性和知名程度；

（四）相关公众的注意程度；

（五）其他相关因素。

商标申请人的主观意图以及实际混淆的证据可以作为判断混淆可能性的参考因素。

第十三条　当事人依据商标法第十三条第三款主张诉争商标构成对其已注册的驰名商标的复制、摹仿或者翻译而不应予以注册或者应予无效的，人民法院应当综合考虑如下因素，以认定诉争商标的使用是否足以使相关公众认为其与驰名商标具有相当程度的联系，从而误导公众，致使驰名商标注册人的利益可能受到损害：

（一）引证商标的显著性和知名程度；

（二）商标标志是否足够近似；

（三）指定使用的商品情况；

（四）相关公众的重合程度及注意程度；

（五）与引证商标近似的标志被其他市场主体合法使用的情况或者其他相

关因素。

第十四条 当事人主张诉争商标构成对其已注册的驰名商标的复制、摹仿或者翻译而不应予以注册或者应予无效，商标评审委员会依据商标法第三十条规定裁决支持其主张的，如果诉争商标注册未满五年，人民法院在当事人陈述意见之后，可以按照商标法第三十条规定进行审理；如果诉争商标注册已满五年，应当适用商标法第十三条第三款进行审理。

第十五条 商标代理人、代表人或者经销、代理等销售代理关系意义上的代理人、代表人未经授权，以自己的名义将与被代理人或者被代表人的商标相同或者近似的商标在相同或者类似商品上申请注册的，人民法院适用商标法第十五条第一款的规定进行审理。

在为建立代理或者代表关系的磋商阶段，前款规定的代理人或者代表人将被代理人或者被代表人的商标申请注册的，人民法院适用商标法第十五条第一款的规定进行审理。

商标申请人与代理人或者代表人之间存在亲属关系等特定身份关系的，可以推定其商标注册行为系与该代理人或者代表人恶意串通，人民法院适用商标法第十五条第一款的规定进行审理。

第十六条 以下情形可以认定为商标法第十五条第二款中规定的“其他关系”：

（一）商标申请人与在先使用人之间具有亲属关系；

（二）商标申请人与在先使用人之间具有劳动关系；

（三）商标申请人与在先使用人营业地址邻近；

（四）商标申请人与在先使用人曾就达成代理、代表关系进行过磋商，但未形成代理、代表关系；

（五）商标申请人与在先使用人曾就达成合同、业务往来关系进行过磋商，但未达成合同、业务往来关系。

第十七条 地理标志利害关系人依据商标法第十六条主张他人商标不应予以注册或者应予无效，如果诉争商标指定使用的商品与地理标志产品并非相同商品，而地理标志利害关系人能够证明诉争商标使用在该产品上仍然容易导致相关公众误认为该产品来源于该地区并因此具有特定的质量、信誉或者其他特征的，人民法院予以支持。

如果该地理标志已经注册为集体商标或者证明商标，集体商标或者证明商标的权利人或者利害关系人可选择依据该条或者另行依据商标法第十三条、第三十条等主张权利。

第十八条 商标法第三十二条规定的在先权利，包括当事人在诉争商标申请日之前享有的民事权利或者其他应予保护的合法权益。诉争商标核准注册时在先权利已不存在的，不影响诉争商标的注册。

第十九条 当事人主张诉争商标损害其在先著作权的，人民法院应当依照著作权法等相关规定，对所主张的客体是否构成作品、当事人是否为著作权人或者其他有权主张著作权的利害关系人以及诉争商标是否构成对著作权的侵害等进行审查。

商标标志构成受著作权法保护的作品的，当事人提供的涉及商标标志的设计底稿、原件、取得权利的合同、诉争商标申请日之前的著作权登记证书等，均可以作为证明著作权归属的初步证据。

商标公告、商标注册证等可以作为确定商标申请人为有权主张商标标志著作权的利害关系人的初步证据。

第二十条 当事人主张诉争商标损害其姓名权，如果相关公众认为该商标标志指代了该自然人，容易认为标记有该商标的商品系经过该自然人许可或者与该自然人存在特定联系的，人民法院应当认定该商标损害了该自然人的姓名权。

当事人以其笔名、艺名、译名等特定名称主张姓名权，该特定名称具有一定的知名度，与该自然人建立了稳定的对应关系，相关公众以其指代该自然人的，人民法院予以支持。

第二十一条 当事人主张的字号具有一定的市场知名度，他人未经许可申请注册与该字号相同或者近似的商标，容易导致相关公众对商品来源产生混淆，当事人以此主张构成在先权益的，人民法院予以支持。

当事人以具有一定市场知名度并已与企业建立稳定对应关系的企业名称的简称为依据提出主张的，适用前款规定。

第二十二条 当事人主张诉争商标损害角色形象著作权的，人民法院按照本规定第十九条进行审查。

对于著作权保护期限内的作品，如果作品名称、作品中的角色名称等具有较高知名度，将其作为商标使用在相关商品上容易导致相关公众误认为其经过权利人的许可或者与权利人存在特定联系，当事人以此主张构成在先权益的，人民法院予以支持。

第二十三条 在先使用人主张商标申请人以不正当手段抢先注册其在先使

用并有一定影响的商标的，如果在先使用商标已经有一定影响，而商标申请人明知或者应知该商标，即可推定其构成“以不正当手段抢先注册”。但商标申请人举证证明其没有利用在先使用商标商誉的恶意的除外。

在先使用人举证证明其在先商标有一定的持续使用时间、区域、销售量或者广告宣传的，人民法院可以认定为有一定影响。

在先使用人主张商标申请人在与其不相类似的商品上申请注册其在先使用并有一定影响的商标，违反商标法第三十二条规定的，人民法院不予支持。

第二十四条 以欺骗手段以外的其他方式扰乱商标注册秩序、损害公共利益、不正当占用公共资源或者谋取不正当利益的，人民法院可以认定其属于商标法第四十四条第一款规定的“其他不正当手段”。

第二十五条 人民法院判断诉争商标申请人是否“恶意注册”他人驰名商标，应综合考虑引证商标的知名度、诉争商标申请人申请诉争商标的理由以及使用诉争商标的具体情形来判断其主观意图。引证商标知名度高、诉争商标申请人没有正当理由的，人民法院可以推定其注册构成商标法第四十五条第一款所指的“恶意注册”。

第二十六条 商标权人自行使用、他人经许可使用以及其他不违背商标权人意志的使用，均可认定为商标法第四十九条第二款所称的使用。

实际使用的商标标志与核准注册的商标标志有细微差别，但未改变其显著特征的，可以视为注册商标的使用。

没有实际使用注册商标，仅有转让或者许可行为；或者仅是公布商标注册信息、声明享有注册商标专用权的，不认定为商标使用。

商标权人有真实使用商标的意图，并且有实际使用的必要准备，但因其他客观原因尚未实际使用注册商标的，人民法院可以认定其有正当理由。

第二十七条 当事人主张商标评审委员会下列情形属于行政诉讼法第七十条第（三）项规定的“违反法定程序”的，人民法院予以支持：

（一）遗漏当事人提出的评审理由，对当事人权利产生实际影响的；

（二）评审程序中未告知合议组成员，经审查确有应当回避事由而未回避的；

（三）未通知适格当事人参加评审，该方当事人明确提出异议的；

（四）其他违反法定程序的情形。

第二十八条 人民法院审理商标授权确权行政案件的过程中，商标评审委员会对诉争商标予以驳回、不予核准注册或者予以无效宣告的事由不复存在的，人民法院可以依据新的事实撤销商标评审委员会相关裁决，并判令其根据变更后的事实重新作出裁决。

第二十九条 当事人依据在原行政行为之后新发现的证据，或者在原行政程序中因客观原因无法取得或在规定的期限内不能提供的证据，或者新的法律依据提出的评审申请，不属于以“相同的事实和理由”再次提出评审申请。

在商标驳回复审程序中，商标评审委员会以申请商标与引证商标不构成使用在同一种或者类似商品上的相同或者近似商标为由准予申请商标初步审定公告后，以下情形不视为“以相同的事实和理由”再次提出评审申请：（一）引证商标所有人或者利害关系人依据该引证商标提出异议，国务院工商行政管理部门商标局予以支持，被异议商标申请人申请复审的；

（二）引证商标所有人或者利害关系人在申请商标获准注册后依据该引证商标申请宣告其无效的。

第三十条 人民法院生效裁判对于相关事实和法律适用已作出明确认定，相对人或者利害关系人对于商标评审委员会依据该生效裁判重新作出的裁决提起诉讼的，人民法院依法裁定不予受理；已经受理的，裁定驳回起诉。

第三十一条 本规定自2017年3月1日起施行。人民法院依据2001年修正的商标法审理的商标授权确权行政案件可参照适用本规定。

解读——

《最高人民法院关于审理商标授权确权行政案件若干问题的规定》

最高人民法院2017年1月11日发布《最高人民法院关于审理商标授权确权行政案件若干问题的规定》。最高人民法院民三庭庭长宋晓明、最高人民法院民三庭副庭长王闯出席发布会并介绍相关情况。最高人民法院新闻宣传工作领导小组办公室副主任王玲主持发布会。

一、司法解释制定背景

商标授权确权行政案件是指当事人不服国家工商行政管理总局商标评审委

员会作出的商标驳回复审、商标不予注册复审、商标撤销复审、商标无效宣告及无效宣告复审等行政行为而向人民法院提起的行政诉讼。近年来商标授权确权案件数量增长迅速，近两年来增幅尤为迅猛。据统计，此类案件自2001年商标法修正后纳入人民法院司法审查范围，从2002年到2009年，北京市第一中级人民法院共审结商标授权确权行政一审案件2624件，而2013年该院受理的一审商标行政案件达到2161件，2014年更是增加到7951件。北京知识产权法院2015年受理一审案件7545件，其中商标授权确权行政案件5501件，约占其一审案件的73%。此类案件不仅数量大，而且社会关注度高，所涉及的商标法条文众多，对统一法律适用标准提出了很高要求。我院一贯重视商标授权确权行政案件的审理工作，在2010年发布了《关于审理商标授权确权行政案件若干问题的意见》（以下简称2010年意见），就一些问题的法律适用进行了明确，对司法实践起到了积极的指引作用。《授权确权规定》是在2010年意见的基础上，吸收了该意见中的部分重要条文，另针对司法实践中仍然存在的突出问题，在深入调研、多方征求意见的基础上制定的。

《授权确权规定》于2013年列入司法解释立项计划。在起草过程中，最高人民法院知识产权庭广泛征求了全国人大法工委、国务院法制办、商标局、商标评审委员会以及北京市高级人民法院、北京市第一中级人民法院及北京知识产权法院的意见，听取了专家学者、律师、代理人和企业代表等的意见，并通过最高人民法院官方网站向社会公开征求意见。在梳理、归纳、吸收这些意见的基础上，对条文草案进行多次修改，经最高人民法院审判委员会讨论，最终通过了该司法解释。

二、司法解释主要内容

《授权确权规定》共31条，主要涉及审查范围、显著特征判断、驰名商标保护、著作权、姓名权等在先权利保护等实体内容，以及违反法定程序、一事不再理等程序内容，对商标授权确权行政案件所涉及的重要问题和审判实践中的难点问题进行了明确。

（一）根据商标法的立法本意，厘清法律条文之间的界限，准确适用法律

商标授权确权案件涉及到商标法多个条文，明确各条文的含义，厘清条文之间的界限，对于准确适用法律意义重大。例如《授权确权规定》第三条规定，商标法第十条第一款第（一）项规定的“同中华人民共和国的国家名称等相同或者近似”，是指商标标志整体上与国家名称等相同或者近似。对于含有中华人民共和国的国家名称等，但整体上并不相同或者不相近似的标志，如

果该标志作为商标注册可能导致损害国家尊严的，人民法院可以认定属于商标法第十条第一款第（八）项规定的情形。对于该两项条文的适用进行了区分。在我们后附的“中国劲酒”案中，最高人民法院认为，诉争的商标标志虽然包含了我国国家名称，但可以清晰识别为“中国”“劲”和“酒”三个部分，整体上与我国国家名称并不近似，所以不属于商标法第十条第一款第（一）项所指情形。但是，国家名称是国家的象征，随意将其作为商标的组成要素进行商业使用，可能损害国家尊严，属于商标法第十条第一款第（八）项所指的“具有其他不良影响”的情形。

又比如，《授权确权规定》第五条和第二十四条分别对商标法第十条第一款第（八）项的“其他不良影响”和第四十四条第一款的“其他不正当手段”做出了规定，明确其分别适用于“对公共利益和公共秩序的消极负面影响”和“以欺骗手段以外的其他方式扰乱商标注册秩序、损害公共利益、不正当占用公共资源和谋取不正当利益”的情形，对于仅仅损害了特定民事权益的，不属于该两条涵盖的范围。在我们后附的“海棠湾”案件中，最高人民法院认为，该案中争议商标的申请人在多个类别上注册“海棠湾”商标，以及没有合理理由大量注册囤积其他与海南省著名景点有关的商标的行为，并无真实使用意图，不具备注册商标应有的正当性，不正当占用公共资源、扰乱商标注册秩序，属于2001年修订的商标法第四十一条第一款所指的“其他不正当手段”。

其他如《授权确权规定》第十五条、第十六条，分别针对商标法第十五条第一款所规定的“代理人或者代表人”以及第二款规定的合同、业务往来关系以外的“其他关系”进行了明确，均体现了尽量划清条文之间界限的精神。

（二）倡导诚实信用原则，保护在先权利，遏制恶意抢注，维护商标申请和授权的良好秩序

商标作为区分商品来源的标志，是市场主体用以吸引消费者和积累商誉的利器，维护商标领域的良好秩序对于保护经营者合法权益和消费者利益，以及促进健康有序的市场竞争至关重要。2013年修正的商标法第七条明确将“诚实信用原则”作为申请注册和使用商标应遵循的基本原则，《授权确权规定》在对商标法具体条文的适用上充分体现了该立法宗旨，体现了保护诚实经营、遏制恶意抢注商标的一贯司法导向。比如商标法第十五条第一款禁止代理人或者代表人抢注被代理人或者被代表人的商标，实践中有的代理人或者代表人不以自己的名义，而是以与其有密切关系的其他主体，比如近亲属，或者其担任法定代表人的企业等来抢注商标。如果此种情形不能按照商标法该条款受到规

制，将导致该条款极易被规避，明显与诚实信用原则不符。《授权确权规定》第十五条第三款明确“商标申请人与代理人或者代表人之间存在亲属关系等特定身份关系的，可以推定其商标注册行为系与该代理人或者代表人恶意串通，人民法院适用商标法第十五条第一款的规定进行审理。”即在此情况下将与代理人或者代表人恶意串通的商标申请人视为代理人或者代表人，以充分发挥该条款制止抢注的功能。后附的“新东阳及图”案反映了这个问题。

又如，商标法第三十二条关于保护在先权利和禁止抢注他人在先使用并有一定影响的商标的规定，是体现诚实信用原则、遏制恶意抢注的重要法律依据。《授权确权规定》从第十八条到第二十二条均是对商标法第三十二条所规定的在先权利在具体适用中的问题的规定。第十八条总体表明在先权利是一个开放性的规定，既包括法律有明确规定的在先权利，也包括其他应予保护的合法权益。然后分别对在先著作权、姓名权、字号权益等以及角色形象等的保护进行了规定。比如涉及姓名权的问题，姓名权是民法通则明确规定的一项权利，商标领域主要涉及的是未经许可将他人姓名申请注册为商标并进行使用的行为，《授权确权规定》第二十条第一款从“相关公众认为商标标志指代了该自然人，容易认为标记有该商标的商品系经过该自然人许可或者与该自然人存在特定联系”的角度，认定了对姓名权的损害。对于实践中出现的并非以自然人的户籍姓名，而是以笔名、艺名、译名等特定名称来主张姓名权的，该条第二款规定，“如果该特定名称具有一定的知名度，与该自然人建立了稳定的对应关系，相关公众以其指代该自然人的，人民法院应当予以支持”，并依照第一款规定判断诉争商标的申请是否对其构成损害。我院最近审结的“乔丹”案件所明确的相关标准，既是对法律规定的准确适用，也是对相关问题的进一步准确阐明。

（三）以现行法律规定为基本原则，关注产业发展的最新动态，统一法律适用标准

关于作品名称、角色名称的保护也是实践中非常受关注的问题。按照我国著作权法的规定，作品名称、角色名称通常不能受到著作权法的保护，但是对于具有较高知名度的作品名称、角色名称而言，其知名度会带来相应的商业价值，权利人可以自行使用或者许可他人使用，构成可受保护的一种合法权益。司法实践中已经对如“邦德007”、“功夫熊猫”、“哈利波特”等知名的作品名称或者角色名称给予了保护，表明了法院倡导诚信经营、平等保护的司法态度，也取得了良好的社会效果。但在具体的适用标准上，由于法律规定尚不明确，也导致司法实践中适用标准的不统一。在总结实践经验并充分征求意见的

基础上，《授权确权规定》第二十二条第二款规定："对于著作权保护期限内的作品，如果作品名称、作品中的角色名称等具有较高知名度，将其作为商标使用在相关商品上容易导致相关公众误认为其经过权利人的许可或者与权利人存在特定联系，当事人以此主张构成在先权益的，人民法院予以支持。"上述规定，我们将作品名称、作品中的角色名称在特定情形下所具有的相关利益，纳入商标法第三十二条规定的"在先权利"予以保护，既从现行商标法的基本原则出发，也对著作权相关产业的发展予以适当关注。附件中"邦德007"案也作为案例提供给大家。值得指出的是，对于作品名称、角色名称的保护要慎重把握"度"的问题，既保护在先权利人的合法权益，也避免妨碍社会公众对社会公共文化资源的正当使用。据了解，北京市高级人民法院目前对涉及此类问题的案件有事先报备的要求，也是便于了解情况和统一掌握保护的尺度和条件。

（四）遵循商标授权确权案件的特点，充分发挥司法审查功能，加大实质性解决纠纷力度，提高商标授权确权效率

在目前的法律框架下，商标授权确权案件是作为行政案件审理的，但是由于此类纠纷，特别是商标不予注册复审和商标无效纠纷，更多是当事人之间就商标能否授权或者是否应当无效而产生的争议，商标评审委员会居中裁决，其性质更类似于准司法裁决而非行使行政职权，因此商标授权确权行政案件有其不同于一般行政案件的特点。《授权确权规定》第二条规定，人民法院对商标授权确权行政行为进行审查的范围，一般应根据原告的诉讼请求及理由确定。原告诉讼中未提出主张，但商标评审委员会相关认定存在明显不当的，人民法院在各方当事人陈述意见后，可以对相关事由进行审查并作出裁判。这既表明了此类案件的特点，也体现了充分发挥司法主导作用，减轻当事人诉累，强化人民法院实质性解决纠纷，避免程序空转和循环诉讼的总体思路。

因为受制于目前行政诉讼的框架，人民法院无法在行政诉讼中直接认定商标的效力，只能判令商标评审委员会重新作出裁决，当事人对商标评审委员会所做裁决可能再次提起行政诉讼，导致循环诉讼的出现，影响授权确权效率。尤其是商标评审委员会完全依据人民法院生效裁判的事实和理由重新作出的裁决，其事实上是执行法院生效判决的行为，并没有自由裁量的空间，属于最高人民法院《关于适用〈中华人民共和国行政诉讼法〉若干问题的解释》第三条第一款第（九）项"诉讼标的已为生效裁判所羁束的"情形，应当不予受理或者驳回起诉。故《授权确权规定》第三十条规定，人民法院生效裁判对于相关事实和法律适用已作出明确认定，当事人对于商标评审委员会依据该生

效裁判重新作出的裁决提起诉讼的，人民法院依法裁定不予受理；已经受理的，裁定驳回起诉。当然，如果商标评审委员会所做裁决引入了新的事实或者理由，则不适用该条。

提高商标授权确权效率是2013年商标法修改要着重解决的问题之一，最高人民法院近年来也一直在强化实质性解决纠纷的思路，这也要求人民法院在审理商标授权确权行政案件中加大司法审查力度，对于当事人所提出的理由尽可能在实体上给出回复，为商标评审委员会后续裁决以明确指引。《授权确权规定》的相关条文均体现了上述精神。

另外，《授权确权规定》还明确了商标授权确权案件涉及的若干重要法律问题的审理标准，比如关于混淆可能性的判断，以及商标标志著作权权属判断等问题，时间关系，这里就不一一介绍了。

《授权确权规定》是最高人民法院总结审判实践经验、完善商标授权确权法律适用标准的重要举措，该司法解释的颁布，有利于进一步形成良好的商标申请和注册秩序，倡导诚实信用、正当竞争的理念，有利于充分发挥商标和品牌在创新趋动，提高国际竞争能力，促进经济发展的积极作用。

相关材料链接

1. “中国劲酒”案

【最高人民法院（2010）行提字第4号行政判决书】

最高人民法院认为：商标法第十条第一款第（一）项规定所称的同中华人民共和国国家名称相同或者近似，是指该标志作为整体同我国国家名称相同或者近似。如果该标志含有与我国国家名称相同或者近似的文字，且其与其他要素相结合，作为一个整体已不再与我国国家名称构成相同或者近似的，则不宜认定为同中华人民共和国国家名称相同或者近似的标志。本案中，申请商标可清晰识别为“中国”、“劲”、“酒”三部分，虽然其中含有我国国家名称“中国”，但其整体上并未与我国国家名称相同或者近似，因此申请商标并未构成同中华人民共和国国家名称相同或者近似的标志，商标评审委员会相关认定不妥，予以纠正。但是，国家名称是国家的象征，如果允许随意将其作为商标的组成要素予以注册并作商业使用，将导致国家名称的滥用，损害国家尊严，也可能对社会公共利益和公共秩序产生其他消极、负面影响。因此，对于上述含有与我国国家名称相同或者近似的文字的标志，虽然对其注册申请不宜根据商标法第十条第一款第（一）项进行审查，但并不意味着属于可以注册使用的商标，而仍应当根据商标法其他相关规定予以审查。例如，此类标志若具有不良影响，仍可以按照商标法相关规定认定为不得使用和注册的商标。

2. “海棠湾”案

【最高人民法院（2013）知行字第41号行政裁定书】

最高人民法院认为：审查判断诉争商标是否属于商标法第四十一条第一款规定的“以其他不正当手段取得注册”的情形，要考虑其是否属于欺骗手段以外的扰乱商标注册秩序、损害公共利益、不正当占用公共资源或者以其他方式谋取不正当利益的手段。从商标法第四条规定的精神来看，民事主体申请注册商标，应该有使用的真实意图，以满足自己的商标使用需求为目的，其申请注册商标行为应具有合理性或正当性。根据商标评审委员会及原审法院查明的事实，在李隆丰申请注册争议商标之前，“海棠湾”标志经过海南省相关政府机构的宣传推广，已经成为公众知晓的三亚市旅游度假区的地名和政府规划的大型综合开发项目的名称，其含义和指向明确。李隆丰作为个人，不仅在本案涉及的不动产出租、不动产管理等服务上申请注册了争议商标，还在第43类饭店、餐馆等服务以及其他商品或服务类别上申请注册了“海棠湾”商标。此外，李隆丰在多个类别的商品或服务上还注册了“香水湾”、“椰林湾”等30余件商标，其中不少与公众知晓的海南岛的地名、景点名称有关。李隆丰利用政府部门宣传推广海棠湾休闲度假区及其开发项目所产生的巨大影响力，抢先申请注册多个“海棠湾”商标的行为，以及没有合理理由大量注册囤积其他商标的行为，并无真实使用意图，不具备注册商标应有的正当性，属于不正当占用公共资源、扰乱商标注册秩序的情形，依照商标法第四十一条第一款的规定应当予以撤销。

3. “新东阳及图”案

【最高人民法院（2013）知行字第97号案】

最高人民法院认为：本案中，新东阳股份公司在争议商标申请日前在我国台湾地区注册有多个“新东阳”商标。麦石来自1978年至1993年间历任新东阳股份公司要职多年，并曾以企业副董事长身份被董事会委任全权负责大陆市场业务，至今仍为新东阳股份公司董事之一。新东阳企业公司在向本院申请再审时提交的上海新东阳食品有限公司2013年6月28日的说明也证明了“麦石来先生受新东阳股份有限公司董事会委任全权负责中国大陆市场业务”这一事实。据此可以认定，麦石来受新东阳股份公司董事会委任全权负责中国大陆市场业务，其是新东阳股份公司在中国大陆的代表人，未经新东阳股份公司许可，其无权以自己的名义将新东阳股份公司的“新东阳”商标在中国大陆申请注册。现麦石来通过其任法定代表人的新东阳企业公司的名义申请注册该商标，新东阳企业公司可以视为商标法第十五条所称的代理人或者代表人。因此，二审法院认定新东阳企业公司在未经授权的情况下，擅自在我国大陆地区申请注册“新东阳”系列商标，违反了商标法第十五条的规定，并无不妥。

4.“乔丹”案

【最高人民法院（2016）最高法行再27号行政判决书】

最高人民法院认为：自然人就特定名称主张姓名权保护的，该特定名称应当符合以下三项条件：其一，该特定名称在我国具有一定的知名度、为相关公众所知悉；其二，相关公众使用该特定名称指代该自然人；其三，该特定名称已经与该自然人之间建立了稳定的对应关系。本案现有证据足以证明“乔丹”在我国具有较高的知名度、为相关公众所知悉，我国相关公众通常以“乔丹”指代再审申请人迈克尔·杰弗里·乔丹（Michael Jeffrey Jordan），并且“乔丹”已经与再审申请人之间形成了稳定的对应关系，故再审申请人就“乔丹”享有姓名权。在争议商标的申请日之前，直至2015年，再审申请人在我国一直具有较高的知名度，其知名范围已不仅仅局限于篮球运动领域，而是已成为具有较高知名度的公众人物。本案争议商标为第6020569号“乔丹”商标，指定使用的商品类别为第28类“体育活动器械、游泳池（娱乐用）、旱冰鞋、圣诞树装饰品（灯饰和糖果除外）”。其中，“体育活动器械、游泳池（娱乐用）、旱冰鞋”均属于体育运动中常见的商品，“圣诞树装饰品（灯饰和糖果除外）”则属于日常生活中常见的商品。上述商品的相关公众容易误认为标记有争议商标的商品与再审申请人存在代言、许可等特定联系，损害了再审申请人的在先姓名权。乔丹公司对于争议商标的注册具有明显的主观恶意。乔丹公司的经营状况，以及乔丹公司对其企业名称、有关商标的宣传、使用、获奖、被保护等情况，均不足以使得争议商标的注册具有合法性。因此，争议商标的注册违反商标法第三十一条的规定。

5.“邦德007”案

【北京市高级人民法院（2011）高行终字第374号行政判决书】

北京市高级人民法院认为：根据丹乔公司提交的证据可以认定在被异议商标申请注册之前，“007”“JAMES BOND”作为丹乔公司“007”系列电影人物的角色名称已经具有较高知名度，“007”“JAMES BOND”作为“007”系列电影中的角色名称已为相关公众所了解，其知名度的取得是丹乔公司创造性劳动的结晶，由此知名的角色名称所带来的商业价值和商业机会也是丹乔公司投入大量劳动和资本所获得。因此，在先知名的电影人物角色名称应当作为在先权利得到保护。并以此为由撤销了商标评审委员会的裁定。

[地方法规、地方政府规章与解读]

福建省人民政府

福建省行政应诉办法

(2017年1月5日省人民政府第81次常务会议通过
2017年1月21日福建省人民政府令第185号公布
自2017年3月1日起施行)

第一条 为规范行政机关行政应诉行为，提高行政应诉水平，促进依法行政，保护公民、法人和其他组织的合法权益，根据《中华人民共和国行政诉讼法》等有关法律、法规的规定，结合本省实际，制定本办法。

第二条 本省行政机关的行政应诉工作，适用本办法。

本办法所称行政应诉，是指因公民、法人或者其他组织依法向人民法院提起行政诉讼，行政机关依法参加行政诉讼的活动。

第三条 行政机关应当自觉维护司法权威，认真落实行政机关出庭应诉、支持法院受理行政案件、尊重并执行人民法院生效裁判的制度，支持人民法院依法独立行使审判权。

行政机关主要负责人是行政机关应诉工作的第一责任人，应当自觉履行前款规定的职责。

第四条 行政机关应当加强应诉工作队伍建设，配备与行政应诉工作相适应的工作人员，充分发挥公职律师和政府法律顾问作用，确保行政应诉工作力量与工作任务相适应，并为行政应诉活动提供必要的经费和场所、装备等工作条件，保证行政应诉工作的顺利进行。

第五条 县级以上人民政府应当加强对行政应诉工作的领导。

县级以上人民政府法制工作机构负责本行政区域内行政应诉工作的组织、协调、指导。

第六条 涉及重大公共利益、社会高度关注或者可能引发群体性事件等案件以及人民法院书面建议行政机关负责人出庭的行政应诉案件，被诉行政机关负责人应当出庭应诉。

被诉行政机关主要负责人不能出庭应诉的，由分管被诉行政行为业务的负责人出庭应诉；分管被诉行政行为业务的负责人不能出庭应诉的，由其他负责人出庭应诉。

被诉行政机关负责人出庭应诉的，可以同时委托诉讼代理人出庭应诉。

被诉行政机关负责人不能出庭应诉的，应当委托行政机关相应的工作人员出庭应诉。各级人民政府负责人不能出庭应诉的，应当报上一级人民政府备案；县级以上人民政府工作部门负责人不能出庭应诉的，应当报同级人民政府备案。

第七条 县级以上人民政府为被告的行政应诉案件，按下列情形确定应诉工作承办部门：

（一）未经行政复议的案件，承办原行政行为的部门为应诉工作承办部门；

（二）因作出行政复议决定单独成为被告的案件，本级人民政府法制工作机构为应诉工作承办部门。

其他行政机关为被告的行政应诉案件，参照前款规定执行。

第八条 行政复议机关和作出原行政行为的行政机关为共同被告的，行政复议机关负责行政复议决定的应诉工作，对行政复议程序的合法性承担举证责任；作出原行政行为的行政机关负责原行政行为的应诉工作，对原行政行为合法性承担举证责任。

第九条 以乡（镇）人民政府、街道办事处为被告的行政应诉案件，由乡（镇）人民政府、街道办事处负责办理应诉事务。

第十条 行政应诉承办部门具体办理行政应诉事务，承担下列职责：

（一）起草行政诉讼答辩状等法律文书；

（二）按照行政诉讼证据规则整理证据、依据等材料；

（三）提出出庭应诉人员人选；

（四）组织出庭应诉；

（五）承担行政应诉其他相关工作。

第十一条 行政机关收到人民法院行政应诉通知书及其他法律文书后，应当及时确定应诉承办部门。

应诉承办部门应当按照本办法第十条的规定，起草答辩状，准备证据、依据及其他材料等，经批准后在法定期限内提交人民法院。

第十二条 行政机关办理行政应诉案件，可以委托一至二名熟悉相关业务的工作人员应诉，也可以委托一名熟悉相关业务的工作人员和一名律师应诉，但不得只委托律师应诉。

第十三条 行政应诉人员应当熟悉法律规定、认真研究案情和证据、依据及其他有关材料，做好出庭应诉准备工作。

对重大复杂的行政应诉案件，行政机关可以通过咨询、论证等方式听取专家学者、政府法律顾问和律师的意见。

第十四条 行政应诉人员出庭应诉应当做到：

（一）按照人民法院通知，准时参加庭审；

（二）着装庄重整洁，言语举止得体；

（三）遵守司法程序和法庭纪律；

（四）尊重审判人员和其他诉讼参加人；

（五）遵守工作纪律，保守国家秘密和工作秘密。

第十五条 庭审过程中，行政应诉人员应当根据庭审要求充分陈述事实理由，出示相关证据、依据；针对行政行为的合法性和适当性，证据的关联性、合法性和真实性，适用法律依据的准确性等方面进行质证和辩论。

第十六条 经人民法院依法传唤，行政应诉人员无正当理由不得拒不到庭，或者未经法庭许可中途退庭。

第十七条 人民法院组织行政诉讼案件调解的，行政机关应当积极配合，促进案结事了。

第十八条 被诉行政机关收到人民法院的裁判文书后，应当根据以下情况分别作出处理：

（一）认为应当上诉的，按照法定程序向人民法院提出上诉；

（二）生效裁判文书有履行内容的，及时依法履行，不得拒不履行或者拖延履行；

（三）认为人民法院作出的终审判决、裁定确有错误的，依法向人民法院申请再审或者向人民检察院申请法律监督。

第十九条 对人民法院作出的责令重新作出行政行为的判决，除原行政行为因程序违法或者法律适用问题被人民法院判决撤销的情形外，行政机关不得以同一事实和理由作出与原行政行为基本相同的行政行为。

第二十条 行政机关应当认真研究和办理人民法院提出的司法建议，并将办理结果在规定时间内书面告知人民法院。

第二十一条 对人民法院的行政案件司法审查报告书，行政机关应当认真分析研究，梳理问题成因，采纳吸收其合理建议，促进依法行政。

第二十二条 县级以上人民政府法制工作机构应当对本级人民政府及其工作部门的年度行政应诉情况进行统计分析，并向同级人民政府和上一级人民政府法制工作机构报告。

县级以上人民政府工作部门应当对本部门年度行政应诉情况进行统计分析，并向同级人民政府法制工作机构和上一级主管部门报告。

第二十三条 县级以上人民政府应当将行政机关负责人及工作人员出庭应诉、司法建议反馈、支持人民法院受理和审理行政案件、执行人民法院生效裁判以及行政应诉能力建设情况等纳入依法行政绩效考核体系。

第二十四条 对行政诉讼中的败诉、重大疑难、社会影响较大和带有普遍性问题的案件，行政机关应当及时进行梳理、深入分析研究，有针对性地规范行政行为，提高依法行政水平。

第二十五条 行政机关可以根据实际情况，选取典型案件，组织工作人员旁听行政诉讼案件审理，观摩庭审活动。

第二十六条 行政机关应当加强对行政应诉工作人员的业务培训，提高行政应诉工作人员的业务素质和应诉能力。

第二十七条 违反本办法规定，有下列情形之一的，对行政机关直接负责的主管人员和其他直接责任人员依法给予处分；构成犯罪的，依法追究刑事责任：

（一）干预、阻碍人民法院依法受理和审理行政诉讼案件的；

（二）无正当理由拒不到庭，或者未经法庭许可中途退庭的；

（三）被诉行政机关负责人不出庭应诉也不委托相应的工作人员出庭应诉或者只委托律师出庭应诉的；

（四）拒不履行人民法院对行政诉讼案件的生效判决、裁定或者调解书的；

（五）其他依法应当追究责任的。

第二十八条 法律、法规、规章授权的组织办理行政应诉案件，参照本办法执行。

第二十九条 本办法自2017年3月1日起施行。

山东省德州市人民政府

德州市重大行政决策程序规定

（2016年12月13日市政府第61次常务会议通过
2017年1月8日公布 自2017年3月1日起施行）

第一章 总 则

第一条 为了规范重大行政决策行为，健全重大行政决策程序，推进决策科学化、民主化和法治化，加快法治政府建设，根据《中华人民共和国地方各级人民代表大会和地方各级人民政府组织法》《山东省行政程序规定》等有关规定，结合本市实际，制定本规定。

第二条 本规定适用于市、县（市、区）人民政府（以下统称政府）重大行政决策的制定、执行和监督。法律、法规、规章另有规定的，从其规定。

提出地方性法规议案、制定政府规章，应对突发事件，按照有关法律、法规、规章执行，不适用本规定。

第三条 本规定所称重大行政决策，是指政府依照法定职权，对关系本地区经济社会发展全局，与公民、法人和其他组织利益密切相关的发展规划、政策措施、建设项目等重大事项作出的决定以及提请有权机关批准的决定草案。

第四条 重大行政决策应当遵循依法、科学、民主、公开、高效原则，建立公众参与、专家论证、风险评估、合法性审查、集体讨论决定、决策后评估、责任追究等制度。

第五条　政府办公室负责本级政府重大行政决策年度目录拟订、重大行政决策程序的组织协调及监督检查工作。

决策事项承办单位负责决策方案草案拟定，并组织开展公众参与、专家论证和风险评估工作。

政府法制机构负责重大行政决策的合法性审查工作。

发展改革、监察、财政、风险评估管理等部门按照各自职责做好重大行政决策的相关工作。

第二章　决策事项目录

第六条　重大行政决策事项实行目录管理。年度重大行政决策事项目录应当在本年度第一季度内编制完成。

第七条　下列人员或者机构可以向政府提出重大行政决策事项建议：

（一）市长、副市长，县（市、区）长、副县（市、区）长，秘书长；

（二）政府工作部门、派出机构、直属单位，下一级政府，中央、省驻德单位；

（三）其他国家机关、民主党派或者人民团体，企业事业单位，基层群众组织、行业组织、中介机构、学术团体等社会组织；

（四）人大代表或者政协委员；

（五）其他公民。

提出重大行政决策事项建议的，应当提交建议的理由和依据、拟解决的问题、解决问题的方案等相关材料。

第八条　政府办公室应当会同发展改革、监察、财政、政府法制等部门对重大行政决策事项建议进行研究论证，拟定年度重大行政决策事项目录，报本级政府批准后公布实施。

目录包括事项名称、承办单位、拟提交政府审议的时间等内容。

第九条　重大行政决策事项目录公布实施后，有关部门、单位认为需要调整的，可以向政府提出书面建议，由政府研究确定。

第三章　决策方案拟定

第十条　决策事项承办单位应当深入调查研究，全面、准确掌握决策所需信息，并按照决策事项涉及的范围征求有关方面意见，在充分协商论证的基础上，经决策事项承办单位合法性审查和集体讨论，形成决策方案草案。

决策方案草案应当包含决策目标、工作任务、措施方法、时间步骤、决策执行单位和配合单位、经费预算、决策后评估等内容，并应当附有决策方案草案起草说明。

对于情况复杂或者争议较大的事项，应当拟定两个以上的备选方案进行比较研究，并提出倾向性意见和理由。

第十一条　决策事项承办单位根据具体情况，可以一并组织开展公众参与、专家论证和风险评估工作。相关工作可以委托第三方专业机构具体实施。

第十二条　决策事项承办单位应当对决策方案草案进行社会稳定风险评估，对可能引发生态环境、公共财政、制度廉洁性等风险的决策事项，还应当进行相关风险评估。风险评估工作按照有关规定开展。未经风险评估的，不得作出决策。

风险评估报告应当作为是否作出重大行政决策的重要依据。

第十三条　对于专业性、技术性较强的重大行政决策事项，决策事项承办单位应当组织相关领域专家或者研究咨询机构，以咨询会、论证会、书面论证等方式，对决策方案草案进行必要性、可行性、科学性论证。

参加论证的专家应当由决策事项承办单位从相关领域随机确定或者选定。参加论证的专家一般不得少于5人，且应当具有代表性和均衡性。

第十四条　除依法应当保密的外，涉及群众切身利益、需要社会广泛知晓的决策方案草案，决策事项承办单位应当通过政府网站、政务微博微信、报纸等媒体以及其他便于公众知晓的方式向社会公布，公开征求意见。

公开征求意见时间一般不得少于20日。因情况紧急等情形需要缩短期限的，应当同时予以说明。

第十五条　决策方案草案公布后，决策事项承办单位可以根据重大行政决策对公众影响的范围和程度，以座谈会、协商会、民意调查等方式，听取公众意见。

采用前款方式听取公众意见的，按照下列规定进行：

（一）以座谈会、协商会方式听取意见的，决策事项承办单位应当邀请有利害关系的公民、法人和其他组织代表参加，决策方案草案及其起草说明应当在会议举行5日前送达与会人员；

（二）以民意调查方式听取意见的，可以委托独立调查研究机构进行，并作出书面调查报告。

决策事项承办单位应当研究公众意见，形成公众意见采纳情况报告，并通过适当方式公开。

第十六条 重大行政决策有下列情形之一的，决策事项承办单位应当举行听证会：

（一）法律、法规、规章规定应当听证的；

（二）可能影响社会稳定的；

（三）公众对决策方案有重大分歧的。

听证会按照《山东省行政程序规定》中有关规定执行。

第十七条 决策事项承办单位应当根据公众参与、专家论证、风险评估的情况，修改、完善决策方案草案后，将下列材料报送本级政府法制机构进行合法性审查：

（一）决策方案草案及其起草说明；

（二）决策方案制定的法律依据和政策依据；

（三）部门和社会公众意见采纳情况、调研报告、专家论证意见等相关材料，以及应当提交的风险评估报告和听证报告；

（四）决策事项承办单位法制机构的合法性审查意见；

（五）决策事项承办单位集体讨论的材料；

（六）进行合法性审查所需要的其他材料。

报送材料不齐全的，政府法制机构应当自收到送审材料之日起3个工作日内退回决策事项承办单位，要求其补充材料。

决策事项承办单位应当对报送的重大行政决策相关材料的真实性、有效性和完整性负责。

第四章　合法性审查

第十八条 政府应当建立政府法制机构人员为主体、吸收专家和律师参加的法律顾问队伍，健全法律顾问参与重大行政决策工作机制，保障法律顾问在重大行政决策中充分发挥作用。

第十九条 政府法制机构应当对决策方案草案下列事项进行合法性审查：

（一）决策事项是否符合政府法定权限；

（二）决策程序是否符合规定程序；

（三）决策方案草案内容是否合法。

第二十条 政府法制机构应当自收到本规定第十七条规定的全部材料之日起 15 个工作日内，完成对决策方案草案的合法性审查；情况复杂的，经政府分管领导批准，可延长 10 个工作日；政府有特殊要求的，应当按照要求时限完成。

下列情形不计算在合法性审查期限内：

（一）开展必要的调查研究或者考察；

（二）通过座谈会、论证会、听证会、协调会、在政府网站公开征求意见等方式广泛听取社会各方面意见；

（三）组织政府法律顾问进行法律咨询或者论证，听取有关专家学者的意见。

第二十一条 政府法制机构应当出具决策方案草案合法性审查报告。合法性审查报告应当作为是否作出重大行政决策的重要依据。

合法性审查报告应当载明决策权限、程序、内容等事项是否合法以及相关意见，并说明理由和依据。

决策事项承办单位应当依据合法性审查报告对决策方案草案进行修改。对合法性审查报告载明的意见不予采纳的，应当书面说明理由。

决策方案草案未经合法性审查或者经审查不合法的，不得提交政府常务会议或者全体会议讨论。

第二十二条 决策事项承办单位在调研起草、组织论证、风险评估、部门会签过程中，向政府法制机构发函征求意见或者邀请法制机构参加座谈会议的，不视为启动合法性审查程序。期间，政府法制机构出具的参考意见、函复意见或者口头表达的意见，不作为政府法制机构的合法性审查意见。

第五章 集体讨论决定

第二十三条 决策方案草案应当经政府常务会议或者全体会议集体讨论

决定。

政府办公室收到决策方案草案、政府法制机构合法性审查报告及相关材料后，认为可以提交政府审议的，应当提请政府行政首长决定安排政府常务会议或者全体会议审议；暂不能提交审议的，应当退回决策事项承办单位修改完善。

第二十四条 决策方案草案经集体讨论，由政府行政首长作出同意、不同意、原则同意并适当修改、暂缓或者再次讨论的决定。

作出暂缓决定超过一年的，应当退出重大行政决策程序；作出再次讨论决定的，应当按程序重新审议。

集体讨论情况和决定要如实记录，完整存档。

第二十五条 重大行政决策方案依法应当报请本级党委、上级人民政府批准或者应当向本级人民代表大会及其常务委员会报告的，按照有关规定办理。

纳入民主协商的重大行政决策事项，按照民主协商程序办理。

第二十六条 除依法应当保密的外，政府重大行政决策应当依照政府信息公开的有关规定，自作出之日起20日内，将有关信息通过政府公报、政府网站、政务微博微信、报纸等媒体向社会公布。

第二十七条 决策事项承办单位应当依照有关规定，将决策过程中形成的相关材料及时整理归档。

第六章 决策执行与监督

第二十八条 决策执行单位和配合单位应当按照各自职责和政府行政首长的命令，全面、及时、正确地执行决策。

决策执行单位应当制定具体的执行方案，明确领导责任，落实执行措施，跟踪执行效果。

决策执行配合单位无正当理由不得拒不执行或者消极执行本单位应当配合的工作任务。

第二十九条 决策执行单位发现重大行政决策所依赖的客观条件发生变化或者发生不可抗力导致决策目标部分或者全部不能实现的，或者社会各方面对决策的实施反响强烈并提出较多意见的，应当及时报告。

第三十条 决策执行单位应当根据实际需要，对决策实施情况进行评估，也可以委托具备资质的专业机构进行第三方评估，并出具评估报告，作为停止执行、暂缓执行或者修正决策的重要依据。

评估报告建议停止执行、暂缓执行或者修正决策的，经政府行政首长同意，提交政府常务会议或者全体会议讨论决定。

第三十一条 政府作出停止执行、暂缓执行或者修正决策决定的，决策执行单位应当采取有效措施，避免或者减少损失。

第三十二条 政府督查机构应当根据决策内容和政府工作部署，采取跟踪检查、督促催办等措施，对重大行政决策执行情况进行监督。

第三十三条 违反本规定，导致决策严重失误或者依法应当及时作出决策但久拖不决造成重大损失、恶劣影响的，依法追究负有责任的领导人员和其他直接责任人员的责任。

决策执行单位和配合单位拒不执行、消极执行重大行政决策，或者有其他违反本规定的行为，导致决策不能全面、及时、正确实施的，由政府责令改正，并依法追究负有责任的领导人员和其他直接责任人员的责任。

承担专家论证、风险评估、民意调查工作的社会机构或者人员在从事政府委托的相关工作中弄虚作假、违反法律或者行业规范出具报告，造成严重后果的，其违规违法事实记入诚信记录档案，并依法追究法律责任。

第七章　附　则

第三十四条 重大行政决策事项有下列特殊情形之一的，经政府行政首长批准，可以不履行本规定规定的公众参与、专家论证、风险评估等程序，但是应当履行合法性审查和集体讨论决定程序：

（一）为保障公共安全、经济安全和社会稳定，需要立即作出决策的；

（二）执行上级机关的紧急命令和决定，需要立即作出决策的；

（三）其他需要立即作出决策的特殊情形。

有前款情形的，决策事项承办单位应当在决策方案草案的起草说明中予以说明。

第三十五条 政府工作部门、政府派出机构和法律、法规、规章授权具有管理公共事务职能的组织，依照本规定，制定本单位的实施办法。

第三十六条 本规定自2017年3月1日起施行。

［司法实务问题研究］

充分发挥立案登记制的制度优势

——以温州法院不予受理案件为视角

福建省温州市法官协会课题组*

十八届四中全会通过的《中共中央关于全面推进依法治国若干重大问题的决定》要求，“改革法院案件受理制度，变立案审查制为立案登记制，对人民法院依法应该受理的案件，做到有案必立，有诉必理，保障当事人诉权”。2015 年 4 月，中央全面深化改革领导小组审议通过《关于人民法院推行立案登记制改革的意见》，明确了立案登记制的改革方向。最高人民法院随后颁布《关于人民法院登记立案若干问题的规定》，进一步细化了法院登记立案的具体操作要求。为了更好地贯彻实施立案登记制，温州市法官协会课题组对温州法院近年来不予受理案件基本情况进行了调研，深入分析研判立案登记制实施后对法院工作的影响及重点难点问题，并就进一步发挥其制度优势提出相关对策建议。

一、立案登记制实施前温州法院不予受理案件状况及问题

（一）不予受理案件的数据分析

不予受理是指法院依据相关法律规定审查原告的起诉后，认为不符合法定的受理条件，从程序上书面裁定不予立案受理的司法行为。2012～2014 年，

---

* 本文为 2015 年度温州市社科联社会科学规划立项资助课题成果（项目号为 15wsk313）。
课题主持人：鞠海亭；课题组成员：戴真、张元华、李沙、王玲。

温州法院共受理各类案件419408件，除个别案件因口头释明不予受理而未予登记外，立案审查后不予受理案件924件，占比2.20‰。其中，不予受理民事案件478件，集中于承包地征收补偿费分配纠纷、侵害集体经济组织成员权益纠纷、企业改制纠纷等涉及集体性、群体性利益纠纷；不予受理行政案件306件，集中于城市建设和征地拆迁引发的政府不履行法定职责纠纷、资源行政管理纠纷、城建行政管理纠纷、劳动和社会保障行政管理纠纷、环保行政管理纠纷以及其他行政复杂敏感纠纷；不予受理刑事案件133件，集中于侵占罪、轻微故意伤害犯罪等刑事自诉案件。上述不予受理的民事、行政、刑事案件分别占比51.73%、33.12%、14.39%。

（二）不予受理案件的主要类型及成因

1. 法院被动不予受理。此指法院在地方党委政府的影响或要求下，基于服务大局等需要而不予受理，突出表现为涉重点工程项目建设和维稳的案件。如温州动力头服装批发市场有限公司诉温州市政府不履行法定职责案、温州市瓯海区丽岙街道41位村民诉瓯海区政府违法强拆案、夏某某等150余名债权人诉温州立人集团民间借贷案等重大敏感、疑难案件，由政府先行协调或者编立“立调”字号并移送行政庭进行诉前化解。另外，受区域经济金融形势影响，金融借款类纠纷呈现高发态势，温州市政府对处置风险企业担保链问题高度关注、力度空前，相继颁发《关于处置风险企业担保链问题的实施意见》、《关于进一步处置化解风险企业担保链问题的若干意见》《关于开展企业分类帮扶工作的意见》等文件，要求对于借款企业已经停止生产、关闭或企业主逃逸，但担保企业生产经营正常，资可抵债，符合有关政策导向的，向处置办申请启动协同机制，会同法院、经信、金融办、银监等部门对担保企业进行相应处置。法院则在采取立案、财产保全、判决、执行等法律措施前征求处置办及相关部门的意见建议（发送告知单），同时参与对申请协调企业的评估及化解工作。

2. 法院主动不予受理。其一，基于非属法院主管范围的不予受理。如对于涉及供销社财产权属纠纷等历史遗留问题，以及农嫁女权益纠纷、入赘女婿村民社员权纠纷、农村三产返回地指标买卖纠纷等涉及村民自治问题的案件，不同法院之间受理尺度不一，较多法院从严掌握不予受理。其二，基于严格审查引起的不予受理。部分法院立案时偏重于实质审查，严格审查证据材料，如民间借贷案件不仅要有借据，还要有银行付款凭证，或在执行案件立案时要求提供被执行人财产线索等。由于审查过严导致部分案件不予受理或迟延受理，加剧了立案难问题。其三，基于案件负荷引发的不予受理。近年来，温州法院金融类案件呈爆炸式增长，逼近法院、法官的负荷极限，严重影响收结案的良性循环和动态平衡。有的法院出于片面的司法政绩观，追求年终高结案率和较短的平均审理天数等，采取年底截案等不良措施。个别法院甚至采取预登记等方式，人为提前截案时间，导致大量案件不能及时受理而迟延立案，当事人意见极大。

3. 当事人假想不予受理。此指因当事人的起诉不符合法律规定而未予受理，但当事人不理解，认为法院故意刁难而到处投诉、上访，形致假想的司法不公。一是当事人诉访不分。在不予受理案件中，有13件因属于执行司法裁判行为，或不具有强制力的行政指导行为，或被诉行为不对起诉人的权利义务产生实际影响等原因，不属于诉讼受案范围。二是当事人起诉不当。在不予受理案件中，起诉人不具有原告资格的26件，被告不适格的1件，不属于受诉法院管辖的51件，重复起诉的16件，无正当理由超过法定起诉期限的8件，诉讼请求不明确的10件，起诉材料不齐且经通知仍不补正而未予立案的6件。三是当事人恶意滥诉。司法实践中还存在部分当事人恶意反复起诉，甚至提起虚假诉讼。

（三）不予受理案件的主要处置方式及其问题

从司法实务来看，对不予受理案件的处置方式主要有四种：一是立案释明。根据上级法院慎立慎裁的精神，对于大部分不符合立案受理条件的案件，主要通过口头、书面释明等方式处理。如吴某某诉平阳县住房和城乡规划建设局房屋行政强制案件，依法不属于中院管辖，但起诉人以平阳法院不立案为由要求温州中院立案。温州中院先向起诉人释明，随后和平阳法院沟通后移交平阳法院审理，同时做好备忘录。此外，对于林某某等人诉洞头县政府土地行政批准案、陈某某诉瑞安市政府其他行政行为案等案件，均以立案释明通知书的方式告知起诉人不予立案。二是出具不予受理裁定书。根据民事诉讼法、行政诉讼法等法律规定，对于部分案件出具不予受理裁定书，包括民事不予受理裁定56件、行政不予受理裁定57件和刑事不予受理裁定7件，占不予受理案件总数的12.99%。其中，温州中院对上诉的89件维持了49件。三是诉前化解。对于一些符合立案条件但涉及“三改一拆”等党政中心工作或者其他重大敏感案件，以引导调解或者编立“立调”字号等诉前化解方式进行化解。如在

温州市瓯海区丽岙街道41位村民诉瓯海区政府违法强拆系列案件的法律关系明确，但考虑到该案涉及重大公共利益，温州中院经与起诉人沟通并征得其同意后，编立“立调”字号移送行政庭进行诉前化解。四是其他方式，即对于不应受理的敏感案件采取不收材料、不受理或其他更适宜的方式处理。如泰顺立人集团债权人申请宣告破产案，因债权人达数千人之众，泰顺法院在上级法院指导下以公告方式告知不予受理。

总体上看，虽然各级法院不予受理的案件数量较少，但大多事出有因，且易致“视网膜效应”，以立案审查制下不予受理为核心的立案难问题，已成为社会公众诟病法院工作的一大话端。问题有三：一是司法不统一。同样的案由、类似的案情，有的法院受理，有的法院不予受理，影响法律的统一性；二是司法不透明。当事人的起诉到底能否受理、何时受理，未予准确答复。个别法院甚至既不出裁定，也不书面释明，剥夺当事人的上诉权等救济权利；三是增加司法腐败风险。部分案件迟延立案，甚至找关系才立案，有关系才早立案、早审查，没有关系则两三个月也立不了案，社会反响极大，严重损及司法公信力。

二、立案登记制对法院工作的当前影响

我国立案登记制属泊来品，其早已成为两大法系保障当事人诉权的一种通行做法。[①] 原因在于立案登记制具有制度优势，一则利于保障当事人的诉权。立案登记制便利当事人起诉，避免立案进行“适格当事人”或“证据确实”的实体审查，造成“未审先判”的不良结果，解决“欲诉无门”的苦恼，保障当事人诉权的正常行使。[②] 二则利于减少涉诉信访。法治社会的构建需要法治思维，取消立案审查可确保司法程序的入口通畅，使应当受理的案件都纳入诉讼程序，按照法治思维和方式来解决，避免法院公权力对当事人诉权的不当损害，减少当事人因诉权行使不畅而导致的信访、上访，以实现诉访分离来有力推动涉法涉诉信访改革。[③] 三则利于提升司法公信力。对于应当受理而未及

---

① 常怡：《比较民事诉讼法》，中国政法大学出版社2002年版，第450页；吕世辰、［日］山野一美：《中日法制比较研究》，中国书籍出版社2004年版，第210页。

② 《立案登记制的法治意义》，file：///C：/Users/hp/Desktop/作业/立案登记/立案登记制的法治意义.htm，访问时间：2016年5月10日。

③ 《立案登记制改变“不立不裁”》，file：///C：/Users/hp/Desktop/作业/立案登记/立案登记制改变“不立不裁”_新浪新闻.htm，访问时间：2016年5月10日。

时受理的，当事人可凭借立案登记记录督促法院在规定期限内答复，通过提高立案公开性和透明度，促使法院立案、审判程序更加规范公正，提升司法公信力。《美国联邦法院民事诉讼规则》第3条规定："民事诉讼从原告向法院提交诉状时开始。"原告只需提交诉状，简要清晰地说明有关情况和法院管辖、获得救济的根据即为受理，法官仅审查诉状是否符合格式，对当事人、事实和理由、证据等方面无过多要求，不存在法官把关的问题。同时，联邦最高法院还通过判例明确对原告诉状的缺陷从宽掌握，尽量不影响起诉行为的有效性。[①] 美国 Conley v. Gibson 案则永久性地将"通知起诉"载入法律辞典，如《布莱克法律辞典》明确称"通知起诉"为"原告只需提出简短和平实的起诉主张以表明其有权获得救济，而不需主张具体事实的一种诉讼制度"。[②] 然大多实施立案登记制的国家具有一些基本的共同点，如司法权威已经树立、公民普遍具有良好的法律意识、完善的纠纷解决机制等等，而"司法的结构和布局是应政治的需要而构成的"，[③] 我国当前尚不完全具备上述条件，故立案登记制的实施可能产生一些新难题。

（一）从案件数量上看，案多人少矛盾加剧

近年来，我国转型时期的经济社会矛盾日益复杂，人民群众维权意识不断提高，随着立案审查制变为登记制，案件受理门槛降低，潜在进入诉讼程序的矛盾纠纷数量和类型迅速增多，有的涉及重大社会利益与政府部门有关，有的纯属群众"琐碎之事"只为消解一口郁气。实施立案登记制的首月，温州法院收案数同比增长了26.79%；实施一年来，温州法院收案数为181187件，同比增长13.35%，其中民事、行政一审案件分别同比增长15.62%、36.05%，申请强制执行案件则同比增长19.22%。目前，地方法院普遍存在案多人少以及司法地位能力缺失的问题，立案登记制在保护诉权的同时增加了法院工作量，而员额制改革又必然减少法官数量，多重因素叠加必然导致案多人少矛盾更加突出，如何及时消化案件、有效解决社会矛盾，是法院需要首先面对和解决好的问题。

---

① 毕玉谦、谭桂秋、杨路：《民事诉讼研究及立法论证》，人民法院出版社2006年版，第648页。

② 转引自张海燕：《"进步"抑或"倒退"：美国民事起诉标准的最新实践及启示》，载《法学家》2011年第3期。

③ 江必新：《正确认识司法与政治的关系》，载《求是》2009年第24期。

（二）从裁判难度上看，审判执行质效受到影响

从立案审查制到登记制的转变，除体现和保障当事人诉权外，还扩大了法院受案范围，增加了新类型案件的数量和复杂程度，不少案件按照传统裁判方法难以明确归类，给法院工作带来了新的挑战，主要体现在：一是诸如城市拆迁、群体性利益重新分配等新奇、疑难、复杂案件层出不穷，重大疑难案件增多；二是当事人维权意识和证据收集能力欠缺，证据瑕疵案件增多，裁判风险和信访隐患加剧；三是现代化互联网科学技术的广泛运用，同类涉众型纠纷明显增加，案件执行难度加大；四是历史遗留问题多，诸如企业改制、军转干部、民办教师等缘起于国家政策调整，是在转型时期产生的特定类型纠纷。这些犹如医院中的“疑难杂症”涌入法院，必然给法院的审判执行带来空前压力，虽然最高法院取消了对下级法院的考核排名，但依然影响到司法规律内的审执质效。

（三）从助推依法行政上看，政府部门败诉率攀升

在立案审查制时，不少法院出于党政中心工作的考虑，如“三改一拆”、“五水共治”和经济金融维稳等，过滤了一批状告政府部门的行政案件。实施立案登记制后，行政行为相对人一纸诉状递到法院，状告有关行政行为侵犯其利益的数量和力度空前，所诉的行政行为往往涉及面广、影响大。2015 年，温州法院共审结一审行政诉讼案件 1652 件，同比上升 62.76%；其中，判决行政机关败诉的案件 334 件，行政机关败诉率达 20.22%，较 2014 年增加 6.33 个百分点，超过全省败诉率 5.66 个百分点而居全省首位，引起了省、市党委政府高度重视。从全国来看，行政案件增幅在各类案件中占比最高，很可能进一步提高政府部门的败诉率，给政府工作带来压力。随着法院人财物的省级统管制度的落地，依法治国进程中法院裁判的终局性和权威性提升，各级政府日益重视依法行政，司法地方主义将得到一定遏制。

（四）从滥诉遏制上看，预防惩戒机制亟需建立

法院职责虽在于纠纷化解，但并非所有纠纷都属于法院受理范围。不可否认，立案登记制利于保障当事人诉权，但当事人维权不慎可能致使诉权滥用。如受电子诉讼制度的不良影响，韩国诉讼过度现象。韩国法院 2011 年按照不

起诉处理的高达70.8%。[①] 英美法中滥用诉权主要指原告恶意地、没有合理的和合适的理由，使被告陷入一种刑事的诉讼或者民事的诉讼；诉讼的结果有利于原告，被告因此受到损害。[②] 由于立案"宽进"，法院不能拒之门外，当事人一般只需提交符合规定的诉状便可登记立案，势必导致恶意诉讼、虚假诉讼及无理缠诉的数量上升，经业务庭审理后发现不符合起诉条件裁定驳回起诉的案件也相应增加。法院作为国家审判机关，是神圣与庄严之所在，如若经常发生滥诉缠诉现象，或就同一起诉反复出具不予受理、不予立案、驳回起诉裁定，不仅是对法院与法官的不尊，更无益于"法治中国"的构建。因此，应尽快建立完善相关预防惩戒机制。

三、完善立案登记制的三个关节点

从立案审查制到登记制的转变具有历史必然性，属于顺应时代发展的制度转型，因为"制度是一个社会的博弈规则，或者更规范地说，它们是一些认为设计的、形塑人们互动关系的约束"。[③] 从长远看，建立形式审查的立案登记制，由业务庭统一决定实质问题（包括程序问题和实体问题），走向真正意义上的立审分离，才符合审判规律和司法的内在需求。[④] 因为，在法治国度里，"任何人都有权决定是否提起诉讼，请求司法救济，只要当事人按法律规定行使起诉权提起诉讼，诉讼就应当发生"。[⑤] 然立案登记制的实施影响广泛而深远，要充分发挥其制度功能，让国家、社会、公民更多地享受其制度红利，当前必须把握住三个关节点：

（一）立案抑或不立案：严格把握标准，依法保障当事人诉权

1. 统一登记立案标准，减少人为因素。立案登记制的具体实施，应合理区分起诉要件和诉讼要件的审查程序（建议将实体判决要件取代诉讼要件），[⑥] 起诉功能应仅定位于诉讼程序启动，立案阶段只在形式上审查诉状，其他事项

---

① 《"先起诉再说"渐成社会风气，韩总理牵头应对诉讼过的现象》，载《法制日报》2012年5月8日。

② 转引自徐爱国：《英美法中"滥用法律诉讼"的侵权责任》，载《法学家》2000年第2期。

③ ［美］道格拉斯·C·诺斯：《制度、制度变迁与经济绩效》，杭行译，格致出版社、上海三联书店、上海人民出版社2008年版，第3页。

④ 傅郁林：《中国民事诉讼立案程序的功能与结构》，载《法学家》2011年第1期。

⑤ 李琦：《论法律上的防卫权——人权角度的观察》，载《中国社会科学》2002年第1期。

⑥ 张卫平：《起诉条件与实体判决要件》，载《法学研究》2004年第6期。

待立案后再行实质性审查。法院虽不应也不能包揽所有纠纷，但应统一案件受理范围，依法有序引导纠纷经由诉讼途径予以解决。“在行政案件受理问题上存有治理、需求、能力、利害标准等说法，应摒弃‘多中心主义+选择性司法模式’，最有效、最直接的办法是确立一元化的受理标准，即‘法律标准’。所谓‘法律标准’，就是严格依法受理行政案件，法律规定应当受理的就受理，不应当受理的则不受理。”① 课题组认为，对于当事人假想的诉访不分、当事人起诉不当等不予受理应当规范疏导，耐心做好释明工作；对基于严格审查、案件负荷等主动的不予受理，应严格禁止、坚决杜绝，建议上级法院科学合理配置各级法院的人力资源，完全摈弃不合理的绩效考核指标，排除外界干扰而依法立案；对涉及地方重大建设项目与经济金融、社会维稳等案件，基于服务大局的需要，变法院被动不予受理为登记立案，由业务庭在审判程序前协调相关政府部门，争取庭前化解，经协调无果后依法裁判，防止“选择性司法”,② 做到依法应该受理前提下的“有案必立、有诉必理”，充分保障当事人诉权。

2. 严格依法分类处置，杜绝违法操作。立案登记制的实施体现了诉权保障程度，而“诉权保障程序反映一个国家人权保障状况和法治发展水平”,③ 因而登记与否的处理中必须严格依法并出具相关书面材料，否则便是违法违规操作。在实施立案登记的国家和地区，对起诉也非完全不审查。英美法系国家通过诉答程序或审前程序，进行案件甄别和过滤；法国、德国、日本等大陆法系国家，则通过对诉状内容的强制性规定实现案件过滤。④ 具体而言，关键在于审查诉状是否符合法定形式要件，符合则登记立案并出具立案通知书，不符合则不予登记，并出具不予受理、不予立案裁定书，杜绝既不立案又不出具裁定书的现象。另外，对当场不能判定是否符合起诉条件的，应当接收起诉材料、出具书面凭证，在规定期限内决定是否立案。总而言之，在立案形式审查中要坚持“三个一律”（符合条件的一律登记、需要补充材料的一律一次性告知、不予受理的一律出具裁定）原则，既维护当事人诉权，也树立司法良好

---

① 江必新：《论行政案件的受理标准》，载《法学》2009 年第 6 期。

② 陆永棣：《从立案审查到立案登记：法院在社会转型中的司法角色》，载《中国法学》2016 年第 2 期。

③ 张文显：《法治与国家治理现代化》，载《中国法学》2014 年第 4 期。

④ 最高人民法院立案登记制改革课题组：《立案登记制改革问题研究》，载《人民司法》2015 年第 9 期。

形象。实施立案登记制一年来，温州法院共受理一审民商事、行政、刑事自诉、申请强制执行和申请国家赔偿案件140978件，除对98.89%的案件当场予以登记立案外，共对651件案件予以一次性告知补正，补正率达4.62‰；并对183件起诉或申请出具不予受理、不予立案裁定或决定，不立案率仅为1.30‰。不予受理、不予立案的183件案件中，行政起诉118件，占64.48%；民事起诉51件，占27.87%；刑事自诉6件，占3.28%。起诉人对于法院不予立案登记又不出具不予受理、不予立案裁定或决定的司法懈怠行为，可向上一级法院起诉或投诉，也可向有关国家机关投诉，以防止立案人员怠于履行职责。

（二）调解抑或审判：合理分流对接，切实缓解审判压力

1. 立案前，构筑多元化解机制。针对当前不少民众缺乏“法院作为公平正义的最后一道防线”观念，遇上纷争矛盾便倾向于到法院起诉的现象，应在国家治理方略的构建中充分考虑到司法被动性和有限性，让社会大众知晓法院不应成为纠纷解决的第一选择，而是最高层次的最后救济，使司法资源能够得到高效运用，以体现出司法的终局性与权威性。为此，必须充分利用互联网时代下的社会资源优势，合理搭建解纷平台（人民调解、劳动仲裁、行政裁决及专门机构介入等），适时健全完善相应机制，让群众能够自主选择诉讼外的高效便捷解纷途径，将纠纷在诉前合理分流，以缓解司法审判压力。在诉前化解矛盾的同时，建议建立健全诉前强制调解程序，尽量使调解程序在仲裁、行政裁决、专门机构介入及诉讼程序中前倾，强化调解功能，力争促使双方自愿达成调解协议，真正实现案结事了。温州法院普遍与辖区有关行政部门及银行、保险等行业协会建立了矛盾化解协调协作机制，设立婚姻家庭、劳动争议、交通事故等纠纷的人民调解委员会、诉前调解室、诉前调解小组、巡回调解点等，实现人民调解窗口全覆盖。文成法院首创海外调解员制度，聘请海外懂法律知识、有调解经验且热心公益的侨领来化解涉侨纠纷，海外调解联络员协助送达法律文书、查找当事人地址、提供法律咨询、调解矛盾纠纷等工作，构建了以海外调解委员会为核心、特邀海外调解员为支撑、海外调解联络员为补充的三位一体人民调解网络。

2. 立案后，完善调判结合机制。伴随着立案登记制的实施，立案庭的角色也要适时转换，应由“法的守门人”转变为“诉的引路人”，只进行形式审查。为此，要合理调整法院内设机构职能，“大量诉状审查事务可由法院内的

一般事务性工作人员承担，这些人员在性质上属于司法辅助人员”，[①] 减少立案庭中员额法官的配置。同时，鉴于当前案多人少矛盾凸显的问题，可在基层法院探索建立速裁庭，由速裁庭派员到立案庭合理鉴别区分出繁简案件，简单案件由速裁庭适用小额诉讼、特别程序、简易程序或普通程序速调、速裁、速判，[②] 尽可能地先行调解，节省司法资源以处理繁杂案件，形成“简案走速裁、繁案上精审”的格局。对于案件类型明晰且数量较多的案件，试行专业合议庭，诸如劳动争议、家事、环保、交通事故、破产等专业合议庭或审判庭，打造专业化法官；对于其他程序尚未明朗案件，如民行、刑民交叉类新奇、复杂、疑难案件，在业务庭裁判时适当增加专家型人民陪审员，既减少审判人员的工作压力，也提升审理裁判的专业水准。瑞安法院自 2013 年 5 月成立诉调对接中心以来，聘请专职调解员 12 名，引调成功 3511 件，引调成功率达 31.96%，在缓解案件压力、调处矛盾纠纷方面发挥了积极作用。

3. 审理中，强化敏感、群体性纠纷协同处置机制。由于立案门槛降低，不少或因社会背景复杂，或涉体制机制问题，或因历史遗留问题，在“选择性司法”政策下积存的敏感性、群体性案件，将涌向、回炉法院并带来巨大压力，主要表现为法院依法裁判与政府维稳大局的张力与冲突，关键在于法院如何做到自我减压、如何实现有效化解，否则会影响到法院的声誉与形象，也影响到法治中国的构建。对于诸如集资诈骗、农嫁女权益、农村三产返回地指标买卖、政策性问题等法律和司法解释没有明文规定的敏感、群体性案件，涉及面广、敏感性强、社会关注度高、纠纷解决难度大，为了最大限度地保护当事人合法权益，可以探索尝试由双方律师（含政府法律顾问）主持在庭外和解，引导当事人依靠党委政府力量依法协调解决，争取诉讼外化解。建议最高法院加大调研力度，及时出台相关司法解释，合理规范统一裁判尺度，强化法院对案件处理的主导指挥权，变法院参与配合为法院依法推进，明确法官在涉案纠纷中的话语权，由其他各方参与配合、协调解决，避免纠纷久拖不决。

（三）保护抑或惩戒：有效防治滥诉，着力提升司法公信力

1. 健全滥诉认定机制。我国宪法、民法通则等法律规范确定了诚实信用原则和禁止权利滥用原则，要求民事、行政活动应当尊重社会公德，不得损害

① 张卫平：《民事案件受理制度的反思与重构》，载《法商研究》2015 年第 3 期。

② 廖中洪：《“民事速裁”：类型、特征与设置原理研究》，载《现代法学》2011 年第 1 期。

社会公共利益。同时，相应的法律规范也明确了虚假诉讼、恶意诉讼、无理缠诉等滥用诉权类型，但并未对滥用诉权进行界定。如何认定滥诉？课题组认为，对于滥诉行为，可以正当合理行使权利为基础对其进行多视角的综合认定。一方面，明确正当行使权利（诉讼目的正当性）的一般标准。依据诚实信用原则，权利人正当行使权利包括以下构成要件：行使权利之目的必须符合立法本意并具有善意；行使权利之方式必须符合正当要求；行使权利不得损害国家、社会、集体的利益和其他公民的合法自由和权利。因此，凡是违背上述三要件的起诉，都属于不正当行使权利。另一方面，根据起诉次数间隔、案件类型、诉的利益、审理态度与裁判结果等要件综合确定是否存在滥诉。以政府信息公开案件为例，如果起诉人申请公开的信息与其生产、生活、科研需要没有直接利害关系，且存在申请公开带有侮辱性、无理取闹性质信息，或者就其亲属或者其他有关联人已经申请公开的信息进行重复申请，或者一次性提出大量的信息公开，因申请目的不是获得相关政府信息，反而增加行政、司法机关的负担，符合滥诉行为的判断标准，应认定滥用诉权。

2. 建立滥诉规制体系。滥诉的防范与规制体系，是立案门槛降低后必须予以重视的问题，除了强化法院在防范与规制滥诉中的职权运用之外，尚需相应行政机关的重视配合。因为当事人是否存在恶意诉讼、虚假诉讼或者无理缠诉，主要在于法院依法依职权进行调查和认定，但诸如行政诉讼等也离不开行政机关的证据固定等。由于滥用诉权行为大多集中在特定人群中，因此法院应认真审查涉嫌滥诉当事人的起诉，在立案阶段能够直接认定为滥诉的，应裁定不予受理或不予立案；在审理阶段，对涉嫌滥诉的当事人应加重其举证责任，依法认定为滥诉后予以通报。2015 年底，为了有效遏制立案登记制实施后全市政府信息知情权滥诉行政案件急速增长的势头，提高司法资源利用率，温州中院会同市法制办构筑了政府信息知情权滥诉规制体系，具体为：一是对有滥诉可能的案件，由答复机关、复议机关在实体审查前严格审查把关，确有必要的由法院在诉讼程序中依职权对滥诉行为进行审查；二是依托行政复议和行政审判联席会议平台，统一规范滥诉行为的甄别标准，要求从政府信息公开申请主体、方式、内容、数量、目的等角度进行综合判定；三是明确对滥诉案件不纳入政府信息公开答复、复议、诉讼程序，答复机关可将申请件作普通信访件处理，复议机关可直接作出不予受理决定，法院立案庭、行政庭可迳行裁定不予立案、驳回起诉；四是建立政府信息公开申请、复议和诉讼案件信息共享机制，将滥用知情权的申请人纳入重点关注人员名单，适当提高其申请、复议和起诉的门槛。

3. 完善滥诉惩罚机制。滥诉不仅会造成无辜当事人物质与精神上的双重损失，也会耗费法院有限的司法资源，必须在降低立案门槛的同时加大对滥诉行为的惩罚力度，可借鉴国外先进做法，建立相关惩戒机制①：其一，强化经济利益制裁。诉权滥用者承担对方当事人诉讼支出，赔偿对方直接经济损失（必要时有权提起诉讼），并没收其预交的诉讼费，法院可视情节轻重给予罚款等制裁；其二，引入“黑名单”制度。建立诉权滥用“黑名单”制度，以同一无理诉求与事实理由达到三次起诉的列入其中，通过诉讼诚信来促进社会诚信，合力推进法治诚信；其三，采用司法强制措施。诉权滥用侵害到国家司法权，应明确行政处罚、司法处罚、刑事处罚标准，加大惩治力度，视情予以训诫、罚款、拘留，直至追究刑事责任，并向社会公开。

立案登记制的改革实施，表面上看仅与法院、当事人有涉，实际上是一个系统性工程，更折射出国家治理的理念升华、架构重置与方式转变，这也是经由中央深改组讨论决定的重要原因之一。此举之实质性顺利推进，对于当事人诉权及合法权益保障，有着历史性的进步意义；对于法院来说则是一大挑战，既涉及一系列制度的改进完善，也涉及法官司法能力提升，特别是如何在遵循司法规律前提下，明确法院定位与功能，显得尤为紧要。当下之要在于充分发挥出立案登记制的制度优势，在畅通案件入口的同时增强化解能力，将法院的立案、审判、执行等各项工作向纵深推进，通过法院的法治功能来倒逼国家治理结构与能力的转型，真正为法治中国建设提供更强有力的司法保障。

① 王猛：《民事诉讼滥诉治理的法理思考》，载《政治与法律》2016 年第 5 期。

［新类型疑难案例选评］

田少萍诉盖州市城镇职工基本医疗保险管理中心不履行审核医保报销费用职责并赔偿案

李　蕊*

【裁判要旨】

虽然申请人申请报销的医疗费用不属于基本医疗保险予以报销的范围，但由于医保部门已在申请报销唯一所需提供的医疗保险转诊转院申请单上审批同意，因此申请人基于医保部门的审批同意行为产生了信赖利益。医保部门应当参照现行文件规定对申请人履行审核医保报销费用的职责，以保护申请人的信赖利益。

【索引词】

医疗保险　行政审批　信赖利益

【案情】

再审申请人（一审原告、二审上诉人）：田少萍。

被申请人（一审被告、二审被上诉人）：盖州市城镇职工基本医疗保险管理中心（以下简称医保中心）。

辽宁省能源研究所熊岳基地职工牛贵臣（田少萍丈夫）于2002年和2003年分别在盖州市参加了城镇职工基本医疗保险和大额商业保险。2003年3月

* 作者单位：辽宁省高级人民法院。

初，经盖州市第二人民医院检查诊断，牛贵臣肝部病变、性质待查，建议转至营口市中心医院确诊。2003 年 3 月 14 日，医保中心在牛贵臣医疗保险转诊转院申请单上签署意见“同意去营口市中心医院确诊”。经营口市中心医院确诊为肝癌、肝硬化，并建议转至北京 301 医院手术治疗。2003 年 3 月 17 日，医保中心又在牛贵臣医疗保险转诊转院申请单上“医保中心意见”一栏中签署“同意”二字，并加盖公章。牛贵臣于 2003 年 3 月 12 日在北京 301 医院入院，并于 3 月 19 日进行肝移植手术治疗。后田少萍多次向医保中心申请报销医疗费用，医保中心依据盖劳发（2002）9 号文件《盖州市城镇职工基本医疗保险诊疗项目管理办法》第一条基本医疗保险不予支付费用的诊疗项目范围中第（四）项治疗项目类第二条：“除肾脏、心脏瓣膜、角膜、皮肤、血管、骨、骨髓移植外的其它器官或组织移植不予报销”的规定，对牛贵臣肝移植手术费用不予审核报销。2005 年 3 月，牛贵臣病故。田少萍对医保中心不履行审核医保报销费用职责的不作为不服，逐级信访后又提起民事诉讼和行政诉讼，均被法院裁定不予受理。2006 年，辽宁省劳动和社会保障厅发布辽劳社发（2006）64 号《关于调整辽宁省基本医疗保险诊疗和医疗服务设施项目目录的通知》，该通知第（五）项规定将“肝移植”纳入基本医疗保险部分支付费用的诊疗项目（乙类），各统筹地区可根据医疗保险统筹基金和参保人员的承受能力，对“肝移植”项目确定个人自付比例或实行定额计算。2007 年，营口市劳动和社会保障局发布营劳社（2007）6 号《转发〈关于调整辽宁省基本医疗保险诊疗和医疗服务设施项目目录的通知〉的通知》，规定营口地区自 2007 年 3 月 1 日起实施。2007 年 12 月，田少萍先后向盖州市人民政府和营口市劳动和社会保障局申请复议，二机关均作出不予受理决定。后田少萍向盖州市人民法院提起行政诉讼。

原告田少萍诉称，医保中心在转诊转院审批单上签署同意的行为属于行政审批行为，行政相对人有理由相信医保中心同意对医疗费用按规定予以报销。按盖劳发（2002）4 号文件的规定，牛贵臣的医药费用没有超过基本保险和大额商业保险的限额，应予报销。医保中心不予审核报销医疗费用的行为给牛贵臣造成重大精神伤害，后期放弃治疗。故请求法院判令医保中心对其履行审核医保报销费用的职责，并赔偿经济损失及精神损害 300 万元。

被告医保中心辩称，我中心在转诊转院审批单上签署同意仅表明同意牛贵臣转诊转院治疗，并不表示同意为其报销医疗费用。根据当时生效实施的盖劳发（2002）9 号文件的规定，肝移植手术治疗费用属于基本医疗保险不予支付费用的诊疗项目范围，转诊转院审批单并非医保报销凭证。请求法院驳回田少萍的诉讼请求。

【审判】

盖州市人民法院于2008年6月16日作出（2008）营盖行初字第12号行政判决，驳回田少萍的诉讼请求。田少萍不服，上诉至营口市中级人民法院。营口市中级人民法院于2008年12月15日作出（2008）营行终字第83号行政裁定，撤销原判，发回重审。

盖州市人民法院重审认为，社会保险行政争议及报销医疗费用的纠纷，目前尚属国家有关政策和政府部门规范性文件调整范围，其政策性、地域性、执行期限性较强。田少萍所诉肝移植手术医疗费用是盖劳发（2002）9号文件规定不予支付费用的诊疗项目，转诊转院申请单是参保患者转诊转院的手续，医保中心签署同意表明同意患者转诊转院，并非医疗保险机构的报销凭证。依照最高人民法院《关于执行〈中华人民共和国行政诉讼法〉若干问题的解释》第五十六条第（四）项的规定，判决驳回田少萍的诉讼请求。

宣判后，田少萍不服，又向营口市中级人民法院提起上诉。

营口市中级人民法院二审认为，按照当时盖州市文件的规定，肝移植手术不在医保报销范围之内，不应予以报销。虽然医保中心于2003年3月17日在牛贵臣的转诊转院申请单上签署“同意”，但是牛贵臣于2003年3月12日已经在北京301医院入院。由于在医保中心签署“同意”之前，田少萍已经对牛贵臣开始了救治，因此，医保中心在转诊转院申请单上签署“同意”二字，并未对行政相对人产生信赖利益，不能适用信赖利益保护原则。依照《中华人民共和国行政诉讼法》第六十一条第（一）项的规定，判决驳回上诉，维持原判。

判决生效后，田少萍不服，向辽宁省高级人民法院申请再审。辽宁省高级人民法院于2011年11月24日作出（2011）辽行监字第137号行政裁定，指令营口市中级人民法院另行组成合议庭再审。

营口市中级人民法院再审认为，对于2002年盖州市城镇职工基本医疗保险管理属于地方性政策，且当时是在试点阶段，营口各地区规定也不一致，司法不宜审查。依照《中华人民共和国行政诉讼法》第六十三条第（三）项的规定，裁定撤销原一、二审判决，驳回田少萍的起诉。

宣判后，田少萍仍不服，又向辽宁省高级人民法院申请再审。

辽宁省高级人民法院于2012年12月4日作出（2012）辽行监字第265号行政裁定，本案由本院提审。

辽宁省高级人民法院提审认为，医保中心不履行审核医保报销费用职责的行为是行政不作为行为，属于行政诉讼受案范围。原再审裁定以司法不宜审查为由裁定驳回田少萍的起诉系适用法律错误。根据盖劳发（2002）9号《盖州市城镇职工基本医疗保险诊疗项目管理办法》第一条基本医疗保险不予支付费用的诊疗项目范围中第（四）项治疗项目类第二条："除肾脏、心脏瓣膜、角膜、皮肤、血管、骨、骨髓移植外的其它器官或组织移植不予报销"的规定，牛贵臣肝移植治疗费用确实不属于当时基本医疗保险诊疗项目予以报销的范围。但由于医保中心在医保报销所必须持有的转诊转院审批单上出具了"同意"的意见，使田少萍有理由相信医保中心同意牛贵臣转至北京301医院进行肝移植手术治疗，并对治疗费用按照医保政策给予报销，即田少萍基于医保中心的审批意见产生了信赖利益。因此，医保中心应当参照现行文件关于肝移植治疗费用的报销范围及比例的规定，对牛贵臣在北京301医院进行肝移植所花费的治疗费用予以报销。关于田少萍主张的经济损失和精神损害300万元的赔偿请求，因无事实根据和法律依据，不予支持。依照最高人民法院《关于执行〈中华人民共和国行政诉讼法〉若干问题的解释》第七十八条、《中华人民共和国行政诉讼法》第五十四条第（三）项、最高人民法院《关于审理行政赔偿案件若干问题的规定》第三十三条的规定，判决如下：一、撤销营口市中级法院于2012年4月16日作出的（2011）营审行终再字第6号行政裁定，撤销营口市中级法院于2009年10月13日作出的（2009）营行终字第45号行政判决，撤销盖州市法院于2009年5月26日作出的（2009）盖行初字第17号行政判决；二、被申请人盖州市城镇职工基本医疗保险管理中心于本判决生效之日起30日内对再审申请人田少萍履行审核医保报销费用的法定职责；三、驳回再审申请人田少萍的赔偿请求。

［评析］

医保部门审批转诊转院申请行为之信赖利益保护

一、背景情况介绍

虽然行政行为基于法律授权而存在，但是行政行为仅仅符合法律、法规的规定，并不意味着具有充足的合法性与合理性。一般具体的法律规范有时并不足以满足个案公平正义的要求，因此，行政执法及司法审查中还应当适时运用法律原则予以补充。所谓法律原则是指那些可以作为法律规则的基础或本原的综合性、稳定性的原理和准则。信赖利益保护原则就是一项重要的法律原则，它始于德国行政法院判例，现在已经成为大陆法系行政法的一项基本原则，我国于2004年7月1日起实施的行政许可法，第一次以法律形式确立了行政信赖利益保护原则，是我国民主法制建设的一项重大突破。所谓信赖利益保护原则，是指行政相对人对行政主体作出的已经发生法律效力的行政行为形成合理信赖，并且行政相对人基于此信赖作出了处分行为，因此而享有信赖利益，且这种利益值得被保护时，行政主体不得随意变更、撤销或者废止行政行为，如果在权衡信赖利益和公共利益后，确因公共利益的需要而需变更、撤销或者废止行政行为时，则必须对行政相对人受到的损害予以补偿或者赔偿。信赖利益保护原则的基础是公众对自己国家及国家权力的信任，这种信任是公众安定性和其他工作、生活能有明确预期的基本前提，这种信任如果没有得到很好的保护、甚至受到损害，公众权利、公众利益乃至整个经济和社会发展都将处于不稳定、不连续的状态之中。信赖利益保护原则高于法律优先原则，是行政法中的诚实信用原则。

二、确立裁判要旨的理由

本案中，虽然牛贵臣到北京301医院实施肝移植手术治疗确实不在当时生效实施的《盖州市城镇职工基本医疗保险诊疗项目管理办法》中规定的予以医保报销的范围，但是牛贵臣到北京301医院实施肝移植手术却得到医保中心的审批“同意”，因此，医保中心应否对牛贵臣进行肝移植治疗的医疗费用予以报销，关键问题是牛贵臣是否基于医保中心的审批“同意”行为产生了信赖利益，这就需要运用信赖利益保护原则加以分析判断。信赖利益保护原则可以从三个方面理解：一、设立的目的是为了维护法律秩序的安定性和保护社会成员的正当权益；二、行政行为一经作出就具有确定力，因此即使事后发现该行为有轻微违法或对政府不利，只要该行为不是因相对人的过错所造成，就不得变动，而要承续保护；三、如果事后发现该行为的作出可能给公共利益造成重大损失而必须变动时，应当对因变动该行为给无过错的相对人造成的损失给予合理补偿。相对人主张保护信赖利益，必须同时具备以下三个要件：一是公权力机关存在信赖基础；二是相对人实施了信赖行为；三是相对人所形成的信赖利益值得保护。所谓存在信赖基础，是指相对人对国家公权力机关的信赖必须具备一定基础，不是相对人凭空想象出来的。这种信赖基础通常是足以引起相对人合理期待的公权力行为，主要表现形式为公权力机关已经发布的法规、已经公开的决定、已经实施的行为（不作为）。所谓实施信赖行为，是指在公权力机关作出的信赖基础存在的前提下，相对人基于对公权力行为将继续有效存在的信任，根据自身利益实施了特定的信赖行为。衡量要件包括：一、相对人事先知道公权力行为的存在，且在实施信赖行为前，在主观上信任公权力行为。如果相对人在实施行为之前根本不知道或者不应当知道公权力行为，或者有证据证明公权力行为重大明显违法、信赖基础是因相对人采取欺诈贿赂等违法手段而作出，则相对人其后实施的行为不属于信赖行为。二、相对人必须实施了特定的行为或者不作为。相对人实施的信赖行为既可以是法律行为，也可以是事实行为，但仅有对公权力行为的信赖而没有据此采取行动的相对人不能主张信赖利益。所谓信赖值得保护，是指相对人对公权力行为的信赖必须是"正当的信赖"，即人民对国家之行为或法律状态深信不疑，且对信赖基础之成立为善意并无过失，若对此之成立系归责于人民之事由所致，信赖即非正常，而不值得保护。

结合本案进行分析。首先，医保中心在牛贵臣的医疗保险转诊转院申请单上"医保中心意见"一栏中签署"同意"二字，并加盖公章的行为构成信赖基础。因为该审批行为是医保中心依牛贵臣申请作出的行政行为，且没有证据证明该审批行为存在重大明显违法情形，或者系因牛贵臣采取欺诈贿赂等违法手段而作出。医疗保险转诊转院申请单作为医保报销所需提供的唯一审批手续，医保中心主张其签署的"同意"二字，含义是同意牛贵臣转至北京301医院进行肝移植手术治疗，但治疗费用自付，这种解释不能成立。因为如果牛贵臣选择自费治疗疾病，就没必要申请医保中心进行审批，完全可以自主选择任何一家医院进行手术治疗。按照一个正常人的理解，医保中心在医疗保险转诊转院申请单上签署"同意"二字，就是同意对此次治疗费用按医保政策给予报销。退一步讲，即使在签署意见不明确，可能产生分歧的情况下，也应当作出对相对人有利的解释。其次，牛贵臣根据医保中心的审批行为实施了特定的行为，即到北京301医院进行肝移植手术治疗。虽然牛贵臣于3月12日即在北京301医院住院，而医保中心于3月17日才作出审批"同意"的意见，但这并不影响信赖利益的形成，因为医保审批行为保护的是相对人的财产权，而对牛贵臣的及时有效治疗保护的是相对人的生命健康权，后者优于前者，况且牛贵臣是在医保中心审批同意后即3月19日才进行肝移植手术，因此，医保中心主张牛贵臣在审批行为作出前已住院，不是因审批行为而实施的治疗行为，故不产生信赖利益的观点不能成立。再次，牛贵臣的信赖利益值得保护。国家建立基本医疗保险制度的目的就是保障公民在患病的情况下依法从国家和社会获得物质帮助的权利。牛贵臣对医保中心审批行为的信赖是一种善意的、正当的信赖，对医保中心作出审批行为并无过失或违法行为。综上，医保中心的审批行为使得牛贵臣有理由相信医保中心同意其转至北京301医院进行肝移植手术治疗，并对治疗费用按照医保政策给予报销，即牛贵臣基于医保中心的审批行为产生了信赖利益。

虽然医保中心作出审批行为时，肝移植治疗费用并不在基本医疗保险予以支付的范围内，但由于牛贵臣已基于该审批行为产生了信赖利益，按照信赖利益保护原则，医保中心不能再撤销、变更或者废止该审批行为。那么如何对牛贵臣的信赖利益进行保护呢？法律法规没有明确的规定。行政许可法第八条只是笼统地规定“行政机关应当依法给予补偿”，但补偿的程序、标准、范围等均未作规定。有观点认为，信赖保护措施一般可以有以下三种方式：1. 存续保障，即虽然新法规发生了变动，但对旧法规之下相对人取得的既得权益予以承认并确保继续存在；2. 损失补偿，即新法规变动后，基于公共利益的需要，剥夺或限制相对人既得权益，但对新法规变动给其造成的损失，依法予以补偿；3. 制定过渡条款，即为了避免新法规的冲击，又保证新法规规定秩序的实现，明确规定新法规、旧法规的适用范围和期限。在对信赖利益的具体保护方案中，此三种方式既可以单独适用，也可同时适用。以上三种方式显然都不适用于本案。本案中，医保中心作出审批行为时，按照《盖州市城镇职工基本医疗保险诊疗项目管理办法》的规定，肝移植治疗费用不在基本医疗保险报销范围之内，但从2007年3月起，根据辽宁省劳动和社会保障厅的通知精神，营口地区已将“肝移植”纳入基本医疗保险部分支付费用的诊疗项目（乙类）。即本案的情况是，旧办法之下相对人的情况不属于医保报销范围，而新办法实施后相对人的情况则属于医保报销范围。考虑到基本医疗保险制度本身就是一种社会保障制度，在与经济社会发展水平相适应的前提下，应当尽可能多地增加覆盖面，最大限度地保护人民群众的生命健康权，对牛贵臣信赖利益的保护并不会对公共利益造成重大损害。因此，针对本案的实际情况，终审法院采取了责令医保中心参照现行文件关于肝移植治疗费用的报销范围及比例的规定，对牛贵臣在北京301医院进行肝移植所花费的治疗费用予以报销的信赖利益保护方式。

《最新法律文件解读》丛书

稿　约

《最新法律文件解读》是一套以为最新法律规范提供同步“解读”为主的系列丛书，分为刑事、民事、商事、行政与执行4个分册，按月出版。

本丛书以“解读”为重点，突出全、专、新、快、准等特点，通过对最新出台的法律、法规、司法解释、部门规章以及重要地方性法规进行同步动态解读，弥补了法律、法规、司法解释汇编类出版物没有同步阐释、解读内容的不足，为广大读者学习理解最新法律规范，正确贯彻执行法律文件，及时解决实践中的新情况、新问题，提供一个全方位、多层面的法律信息平台。

欢迎您向以下栏目赐稿：

【最新法律文件解读】主要是对最新颁行的法律文件进行解读，帮助司法和执法人员正确理解法律文件的立法背景、意义、重点内容、在适用中应注意的问题、与相关法律文件的衔接与互动关系等等。

【司法实务问题研究】主要刊登对司法理论、实务及司法管理工作中的热点、疑难问题进行研究及评论的文章。

【新类型疑难案例选评】主要是对司法和行政执法实践中具有典型性和代表性的疑难案例，结合具体案情以及审理或处理结果进行简练精辟的点评，解析认识问题的方法、处理问题的法律依据和在个案中的具体适用。

【法学前沿与新视点】以摘要的形式刊登相关法学理论研究的最新动态及具有代表性和典型性的前沿问题，扩展法学研究的深度和广度。

【法律适用问题解答】主要针对司法和行政执法实践中面临的新问题、热点问题、疑难问题进行简要地解答，指出涉及的法律关系，明确法律适用依据。

稿件一经刊用，即付稿酬，稿酬从优。

《刑事法律文件解读》　姜　峤　邮箱：bj85250573@126.com

《民事法律文件解读》　丁丽娜　邮箱：dlnlaw@163.com

《商事法律文件解读》　路建华　邮箱：shangshijiedu@126.com

《行政与执行法律文件解读》　陈映锦　邮箱：4831374@qq.com

人民法院出版社

《最新法律文件解读》丛书编辑部